出版资助：南宁师范大学地理学一流学科建设经费
北部湾环境演变与资源利用教育部重点实验室、广西地表过程与智慧模拟重点实验室联合开放或系统基金

漓江风景区旅游生态补偿研究

段文军 著

中国纺织出版社有限公司

内 容 提 要

以公共物品理论、外部性理论、生态资本理论等为基础对旅游生态补偿这一新型的补偿领域开展研究，采取文献分析法、实地调研法、跨学科研究法、定性与定量相结合的方法，在国内外学者研究的基础上，梳理旅游生态补偿的概念、内涵以及旅游生态补偿主客体，利用条件估值法来分析和计算漓江旅游者的生态补偿意愿和支付水平，提出了漓江旅游生态补偿实施的建议。

图书在版编目（CIP）数据

漓江风景区旅游生态补偿研究 / 段文军著 . -- 北京：中国纺织出版社有限公司，2021.1

ISBN 978-7-5180-7038-1

Ⅰ . ①漓… Ⅱ . ①段… Ⅲ . ①风景区—旅游业发展—生态环境—补偿机制—研究—桂林 Ⅳ . ① F592.767.3

中国版本图书馆 CIP 数据核字 (2019) 第 285285 号

责任编辑：赵晓红　　责任校对：高　涵　　责任印制：储志伟

中国纺织出版社有限公司出版发行

地址：北京市朝阳区百子湾东里 A407 号楼　邮政编码：100124

销售电话：010—67004422　传真：010—87155801

http://www.c-textilep.com

中国纺织出版社天猫旗舰店

官方微博 http://weibo.com/2119887771

三河市华晨印务有限公司印刷　各地新华书店经销

2021 年 1 月第 1 版第 1 次印刷

开本：710 × 1000　1/16　印张：9.5

字数：170 千字　定价：39.00 元

前 言

随着社会经济的快速发展，生态和环境问题成为人们关注的热点。生态补偿可以有效调节经济发展与环境问题之间的矛盾，是国内外学者研究的热点领域，并受到我国各级政府的高度关注，生态补偿机制建设也是促进经济社会可持续发展的重要举措。我国生态补偿的研究紧跟国际研究大势，在自然保护区、湿地、流域、湖泊、海洋、森林、重要生态功能区等实践研究方面取得了巨大成果，但对旅游地生态补偿的研究还较为缺乏。

漓江风景区风景秀丽，不仅是中国自然山水风光的典型代表，更是桂林的母亲河，在桂林市社会、经济、文化各层面都占有极为重要的地位。漓江风景区得天独厚的生态环境为流域经济发展提供了先天的自然资本，但社会经济发展和人口增长对漓江自然资本的消耗不断增大，形成了一定生态缺口，带来的环境问题反过来制约地方经济社会发展。旅游生态补偿作为一种经济方式，可以调节旅游地生态系统中各利益相关主体间的关系，有效缓解旅游发展和生态保护之间的矛盾，被认为是促进生态旅游地经济社会可持续发展的重要手段。

本书以公共物品理论、外部性理论、生态资本理论等为基础对旅游生态补偿这一新型的补偿领域开展研究，采取文献分析法、实地调研法、跨学科研究法、定性与定量相结合的方法，在国内外学者研究的基础上，梳理旅游生态补偿的概念、内涵以及旅游生态补偿主客体，利用条件估值法来分析和计算漓江旅游者的生态补偿意愿和支付水平，提出了漓江旅游生态补偿实施的建议。研究成果有助于解决漓江风景区生态利益供求的平衡、缓解风景名胜区生态服务的供给与需求之间的矛盾、解决风景名胜区生态建设和生态保护的资金短缺问题，也有利于解决上下游经济、社会发展不平衡的矛盾，从而实现风景名胜区经济社会的可持续发展，具有一定的实践价值和社会意义。

本书为作者对漓江风景区生态补偿相关研究的总结和集成，在本书撰写过程中，参考和引用了国内外同行专家和学者的部分研究成果与观点。申瑞侠、白永红、魏小双等研究生参与了相关研究工作，在此一并表示感谢。本书相关研究成果得到了南宁师范大学地理学一流学科建设经费、北部湾环境演变与资源利用教育部重点实验室、广西地表过程与智慧模拟重点实验室联合开放或系统基金的资助，这使作者多年的研究成果得以总结并与读者见面，在此表示感谢。

鉴于旅游生态补偿研究的复杂性，加之作者水平有限，书中难免存在不妥之处，敬请读者不吝赐教。

段文军

2020 年 10 月

目　录

第一章　研究背景与研究意义

一、研究背景

生态补偿是指通过一定的政策手段实行生态保护外部性的内部化，让生态保护成果的受益者支付相应的费用，实现生态投资者的合理回报，激励人们从事生态保护投资并使生态资本增值(中国生态补偿机制与政策研究课题组，2007)。自 20 世纪 80 年代以来，国外一些国家和地区进行了一些生态补偿研究与实践，生态补偿涉及众多领域，国际上许多国家和地区已采取了生态补偿措施(Hamdar，1999；Baeon，2002；Dudley，2005；)，主要的应用和研究领域包括水资源(Daniele，2001；pagiloa，2004)、农业环境保护(wu，2002)、森林(Merol，2000；Castro，2000；MeCarthy，2003)、自然保护区、生物多样性(Clough，2000)、景观生态(Shine，2004)、矿山(Henry，2000；Carston，2000)、土地等。最有代表性的生态补偿项目是在哥斯达黎加等拉丁美洲国家开展的环境服务支付（PES）项目、加拿大的永久性草原覆盖恢复计划（PCRP）、美国的保护与储备计划（CRP）和环境质量激励项目（EQIP）、欧盟的排放交易方案（EUETS）等（Wells，1992；Merlo，2000；Murray，2001；Caplan，2005；Zetterberg，2004；秦艳红，2007）。其中，哥斯达黎加在可持续发展方面表现突出，被联合国秘书长安东尼奥·古特雷斯盛赞“在包容性、可持续发展方面体现出坚定的决心，起到了国际先锋作用”。该国98%的发电量来自可再生能源，并积极提出了在2021年实现“碳中和(Carbon neutrality)”的目标。哥斯达黎加是全球最早开展生态补偿的国家之一，在国家和地区层面进行了系列探索性尝试，其中埃雷迪亚市的生态补偿，树立了可持续的典范。

我国关于生态补偿的研究和实践开始于20世纪90年代初期，研究主要侧重从宏观角度考虑生态补偿的实施问题，以经验探讨为主，对生态补偿的理论基础、资金筹措、补偿标准与核算等方面进行了研究（张乐，2009；刘世强，2011）。国内对流域生态补偿方面的研究主要集中在流域水土保持（保持土壤肥力）、水流调节（防洪，枯水季节水流增加）、水质提高（高彤等，2006；尤艳馨，2007)、景观价值、关键生态功能保护（徐琳瑜等，2006)、生物多样性保护、碳汇(Zetterberg，2004；常杪等，2006)等。实证性研究成果所涉及的各种类型中，以水源涵养与保护以及污染损失赔偿两方面的内容居多（张春玲，2006）。

党的十九大报告指出：“建设生态文明是中华民族永续发展的千年大计。”作为生态环境保护制度顶层设计的一部分，国务院办公厅已印发《关于健全生态保护补偿机制的意见》，相关立法工作正在进行中，通过生态补偿来促进重点生态功能区、国家重点风景名胜区保护和可持续发展已成为大势所趋、民心所向。

桂林是全国3个可持续发展议程创新示范区之一，近年来，由于旅游业的不断发展和区域经济社会的不断推进，漓江流域的生态系统正承受着越来越大的压力，其正常功能受到影响，生态环境受到一定程度的破坏，甚至有恶化的趋势。漓江的保护和发展一直受到党和国家领导人的高度重视。漓江流域范围广，生态环境复杂，不仅是重要的旅游资源集中地，还是桂林重要的水源地和经济发展重地，漓江的生态环境直接关系着桂林市的发展。伴随着漓江旅游人次的增多和旅游活动范围的扩大，漓江的自然生态资源被过度消耗，不仅生态系统平衡受到破害，还影响到该流域经济发展的平衡性。例如，为了追求旅游经济的发展，游船规模越来越大，数量增多，行船密度不断增加，造成水资源污染和自然景观破坏；在旅游管理方面，存在市场管理秩序不够规范，旅游资源的开发缺乏科学管制的现象；此外，漓江两岸居民经济社会发展、生产生活用地与生态环境保护和旅游可持续发展的矛盾日益突显。一部分沿江居民不仅无法从旅游发展中受益，还因为各项环境保护政策的限制而丧失了发展机会。这些问题来源于现有环境保护制度的缺失和不完善，破坏的生态系统没有得到补偿，获取生态效益者没有进行补偿。

因此，如何协调各利益相关者的关系，保护风景名胜区的生态环境，实现风景区旅游资源的可持续开发利用成为各级政府与社会民众关注的焦点问题。

目前有关漓江旅游可持续发展生态补偿方面的研究偏少，现有的研究多处于理论探讨阶段，仅分析了生态补偿的必要性、条件和一些政策措施，而对生态补偿方面亟待解决的补偿空间与区段、投资与受益主体、补偿标准与核算方法、补偿模式、实施与保障机制等方面的研究较少，亟待进行相关研究。此外，通过漓江流域生态补偿的相关研究可探索旅游景区生态补偿的一些共性问题，并为漓江风景名胜区的生态环境保护和桂林可持续发展找到新的突破点，从而对全国同类景区起到示范和指导作用。

二、研究意义

（一）漓江流域生态旅游资源开发的需要

生态观光游仍然是目前桂林旅游的重要内容，它几乎占据了桂林旅游市场份额的一半，而漓江流域的生态旅游又是桂林观光旅游的重中之重。因此，保护好漓江流域生态旅游资源显得尤为重要。近年来，漓江流域生态旅游资源的开发呈现快速发展的态势，一方面带来了旅游经济效益的提升，但另一方面也给流域生态环境带来了很大的压力，并引发了漓江流域生态旅游资源开发的系列问题，生态旅游资源开发处于无序状态，缺乏有效整合，景区（点）开发同构型较多，导致资源浪费和经济效益低下等问题。

（二）漓江上游自然保护区生态旅游可持续发展的需要

“生态旅游”（ecotourism）已成为备受人们认可和欢迎的旅游休闲方式。近年来，关于生态旅游目的地对旅游活动的容纳和支持能力的研究，经历了由旅游环境容量（Wagar，1964），到旅游环境承载力（崔凤军，1995），再到生态旅游环境承载力（孙道玮等，2002）和生态旅游承载力（董巍等，2004）的演变。承载力的内容由旅游空间容量拓展到旅游资源与设施容量，再到自然、经济、社会容量。承载力量化也由游客人数发展到旅游活动强度，以及旅游区的环境所能承受的旅游经济活动量阈值（崔凤军等，1998；刘玲，1998）。近年来，许多学者对国家公园（Alexis Saveriades，2000；Tony Prato，2001）、自然保护区（周鹏等，2011；庹星婧，2012）、旅游景区（赵路等，2009；闫云平等，2012）、流域（李丰生等，2003；赵赞等，2007）和行政区域（董巍等，2004；冉杰，2009）等的生态旅游承载力进行了研究。但由于对生态旅游承载力内涵理解的差异，加之本身的可变性和不确定性，目前生态旅游承载力的量化评价缺乏公认的衡量方法，且评价结果通常为表示区域相对承载状况的指数，空间上指导意义不强。

（三）合理开发漓江流域旅游用地的需要

旅游开发不仅是驱动旅游地土地利用变化的重要影响因素，其社会、经济和环境效应也将受到土地利用变化的回馈。从区域层面上看，旅游开发涉及与区域各类产业、区域生态环境等各方在用地需求之间的权衡取舍（吴必虎，2001；Gossling，2002；Marin-Yaseli，Martinez，2003；Petrov 等，2009）；从个体层面上看，旅游开发又与居民、农户、政府、开发商以及物种保护之间相互联系与制约（刘静等，2009；Williams，Shaw，2009；Carte 等，2011）。旅游开发与土地利用过程均是受多因素综合影响的复杂动态过程，共同影响因素的存在决定了二者之间存在相互作用。因此，旅游地的土地利用变化研究并非纯粹的旅游开发环境影响评估。在厘清旅游开发对土地变化过程影响的同时，我们有必要进一步探讨土地变化过程对旅游开发的响应，为实现区域旅游开发与土地利用的协调发展提供依据。

（四）漓江沿岸森林景观恢复的需要

河道沿岸是人类活动与自然过程相互作用最为强烈的区域之一，是重要的生态敏感带，河道沿岸景观的生态治理与改造一直是河道研究的热点。桂林漓江景区作为享誉海内外的旅游胜地，其河道沿岸是景观的重要组成部分，是游客主要的观赏景观及聚留空间。但漓江属于典型的雨源补给型河流，沿岸景观受“丰—枯”季节水资源变化的影响很大。丰水期洪水泛滥、水质浑浊、植被受损；枯水期径流量减少、自净能力下降、河床裸露、水质较差，严重影响漓江驳岸景观质量，阻碍了桂林旅游业的可持续发展。

（五）漓江流域生态旅游科学管理的需要

生态旅游作为一种实现旅游可持续发展的理想模式受到越来越多的认同。然而，在实际操作中生态旅游却往往只作为一种市场营销手段被许多旅游企业所利用，在开发、经营、管理中并没有真正贯彻生态旅游所要求的若干原则（宋瑞，2003）。根据生态旅游定义，普遍认为森林旅游是典型的生态旅游。但在森林生态旅游发展过程中，由于缺乏统一的标准，呈现多样化的态势，既可以是自然保护区、森林公园、风景名胜区、国家公园，也可以是其他形式（程道品等，2009）。同时，开发过程中也出现了资源粗放开发、盲目利用、生态环境退化等问题（王林琳,2008），影响了森林生态旅游的可持续发展，其根本原因是缺乏一个对旅游区进行生态旅游认证的标准。国内学者对于生态旅游认证标准的理论研究开始于 21 世纪初，初期研究成果主要集中在对国外生态旅游认证体系的引入和介绍上，近年来学者已经开始对生态旅游标准所涉及的范围、构建原则、指标体系等方面进行更深层次的探讨（杨彦锋，2007）。

第二章 相关概念及理论基础

一、相关概念

（一）生态补偿

生态补偿是生态学的一个名词，最初运用于自然科学领域，是指将生态资源环境的外部效应内部化的一种生态环境保护的经济手段。随着人类社会的进步以及生态环境保护需求的持续高涨，生态补偿作为有效的环境保护手段逐渐引起各界学者的广泛重视，逐渐成为生态环境保护、生态文明建设、生态资源可持续发展的重要措施，其内涵也从一种自然科学手段逐渐演变为一种社会经济机制。

国外尚无生态补偿的说法，生态服务付费（Payment for Ecosystem Service，PES）或生态效益付费(Payment for Ecosystem Benefit，FEB)就是指向提供服务的生态环境资源所有者或使用者支付一定的费用，来提高保护生态环境的积极性（Daily，1997）。其涵义与我国生态补偿的涵义最为接近，通常被认为是对人类保护生态与环境的正外部性行为给予的补偿（Wunder，2005)。Pagiola 等（2005）认为生态服务付费是一种经济激励机制，以达到提升自然资源管理效率的主要目的。Allen 等(1996) 认为生态补偿是恢复或重建生态环境来代替已被破坏的环境或生态功能的一种措施。Chomitz 等（1999）认为生态补偿是为了维护生态系统服务功能长期安全，通过可持续性的土地利用方式，由生态系统服务功能受益者对提供这些服务的生态保护者进行补偿的行为。Pagio1a(2005) 则把生态补偿当作是对生态环境资源保护者的一种补助，借此激励人们保护生态环境，减少环境破坏。Wound（2006）认为生态补偿是一种生态系统服务（ES）提供者和需求者之间的自愿交易和买卖的行为。

国内学者对生态补偿有不同的理解，郑敏等（2008）将生态补偿表述为一种为保护区域生态服务功能，根据利益相关主体对环境的影响调整其经济利益分配关系，使相关活动产生的外部成本内部化，并具有经济激励作用的制度安排。燕守广 (2009) 分析了生态补偿的生态学意义、经济学意义和法律意愿，认为虽然各种生态补偿的概念侧重点不同，但对于“利用环境经济手段促进环境保护”的核心思想是一致的，本质是通过政府调控和市场化运用使破坏环境者得到惩罚，使环境保护者得到补偿，从而实现生态正义。

以此看来，国外的生态服务付费与我国的生态补偿虽然表述不同，但目的是相同的，都是为了保护生态环境，实现生态系统服务可持续利用而采取的经济手段。

对于生态补偿的内涵，国内外还没有统一的认识，国内学者虽然因研究领域、学科背景等方面的差异而对生态补偿有不同的界定，但是随着研究与实践的积累与发展，我国学者对生态补偿的内涵在内容、目的以及核心理论等方面形成一些共识：生态补偿是一种经济手段；主要目的是促进生态环境资源保护，确保生态系统服务的可持续利用；内容至少包括对环境损害者的处罚对环境保护者的激励（张一群，2015）。

目前，国内学者广泛认可的生态补偿概念是 2007 年中国生态补偿机制与政策研究课题组提出的，至少包含了以下几个方面内涵：一是一种经济调节利益矛盾的手段；二是支付费用的相关利益者是生态环境的污染者、破坏者及受益者；三是补偿受益者是生态环境的服务提供商、保护者与建设者；四是生态补偿的目的是实现生态环境可持续发展。

（二）旅游生态补偿

1. 旅游生态补偿的概念

简单来说，旅游生态补偿就是生态补偿在旅游领域中的拓展和应用。然而旅游业本身的复杂性使得旅游生态补偿的实施不能只是简单地套用生态补偿的理论来构建，这样很容易陷入研究的误区，因此有必要对旅游生态补偿的概念进行深入剖析。已有的旅游生态补偿概念见表 2–1。

表 2–1　旅游生态补偿定义一览表

序　号	定　义	学者与时间
1	以生态学为侧重点，以旅游目的地生态系统为立足点，以人类对生态环境的补偿为出发点，为了保护和维持旅游地生态平衡，按照旅游使用者付费、污染者赔偿及受益者补偿的原则形成的旅游政府部门、旅游市场力量相结合的旅游生态环境保护机制	李亚娟，2010 年
2	以保护和可持续利用旅游地生态系统服务为目的，以经济手段为主要方法，调节利益相关者相互间关系的制度安排	吴耀宇，2011 年
3	森林旅游生态补偿机制是根据环境外部成本内部化原理，对从森林生态资源获益者征收费用，并对森林生态景观和环境的保护者以及小区利益受损者进行补偿，为森林旅游可持续发展提供优质资源基础和良性小区互动的一种经济激励制度	李丽娟，2012 年

续表

序号	定义	学者与时间
4	以保护和可持续利用旅游地生态系统服务、促进旅游业可持续发展为目的，通过各种制度措施，对旅游活动给旅游地自然资源、生态环境及利益群体带来的（或潜在的）伤害进行补偿的补偿活动或制度安排	张冰，2103 年
5	广义上指通过运用政府调控与市场化运作，内化相关旅游资源开发活动产生的外部成本，调整相关利益者产生的环境利益及其经济分配关系的制度安排；狭义上指旅游生态服务的供给与受让进行交换时产生的支付行为	苑文华、胡兵、严垂香，2014 年
6	用经济手段调节旅游发展涉及的生态利益相关者之间利益关系的制度安排，主要目的是保护旅游地生态系统并促进生态系统服务的旅游业可持续利用	张一群，2015 年

定义 1 强调了人类对生态环境的补偿，却忽视了对环境保护者的的补偿。定义 2 对生态补偿的本质有了清晰定义，但是对旅游生态补偿的内容缺乏一定剖析。定义 3 只将生态补偿的方法局限在经济手段——征收费用，有失偏颇。定义 4 与定义 5 缺少了对生态保护和建设行为的补偿。定义 6 也属于一种抽象式的描述，缺乏深入剖析。

本书认为旅游生态补偿是以保护和可持续利用旅游地生态系统服务功能、促进旅游业可持续发展为目的，通过经济、行政、法律手段和措施，对旅游活动给旅游地自然资源、生态环境及涉及的相关利益群体带来的（或潜在的）负外部性行为进行补偿的补偿活动或制度安排。

2. 旅游生态补偿的内涵

目前来说，认识旅游生态补偿有两种视角——“主体说”与“途径说”。

以“主体说”为视角的旅游生态补偿以旅游业发展的获益者和在旅游开发经营活动中的生态环境破坏者为具体补偿主体，强调旅游系统对生态服务系统的消耗与补偿。良好的生态环境是旅游业发展的生态资本，然而无序的旅游活动与不合理的旅游开发对旅游地生态环境造成了不同程度的干扰和破坏，其程度远超过了旅游地生态系统的自我调节能力，需要探求一种合适的方式来缓解旅游业发展与旅游地生态环境保护之间的矛盾，实现旅游产业的健康持续发展。旅游生态补偿作为一种经济方式，可以调节旅游地生态系统中各利益相关主体间的关系，有效缓解旅游发展和生态保护之间的矛盾，被认为是促进生态旅游地经济社会可持续发展的重要手段。

基于“途径说”的旅游生态补偿被认为是把旅游业当作市场化的途径，通过支持旅游业发展来筹集补偿资金、拓展补偿渠道，从而达到长效的生态补偿效果。旅游业具有普及化的发展趋势，带动能力强，能够有效增强生态脆弱地区的建设能力，启发经济发展潜能和参与生态保护的积极性，是造血式生态补偿模式的有益探索。在实际中，通过旅游业的发展，用旅游收入来筹集环境补偿资金，在国内外都有了一定的现实基础，对于生态脆弱而经济落后的地区而言具有一定的现实意义和实践意义。

通过两种视角的比较，“途径说”从市场化的角度来实现旅游业与生态补偿之间的有机融合，更具有实践意义；“主体说”深入到旅游业与生态环境直接的关系，从而使旅游生态补偿的内涵清晰，更具有理论意义。

3. 旅游生态补偿主体与客体界定

由于环境产品的公共属性，补偿主体与客体的明确能让民众清楚资源的来源和用途，提高参与保护的积极性。旅游生态补偿必须了解相关利益者的利益需求与价值，界定旅游生态补偿主体，能够使相关者的行为通过补偿得到修正，从而平衡补偿主客体之间的关系，起到更大的激励作用。生态补偿主体指利用生态系统服务而受益的个人或组织，生态补偿客体是因维护和改善生态系统服务而利益受损的个人或组织。旅游发展的生态资源涉及的主要利益相关者如下。

国家。按照《中华人民共和国宪法》的规定，旅游资源的产权主体是国家，即全民所有，也存在集体所有制形式。中央政府为了维持国家的可持续发展要制定环境保护的相关政策，维护利益平衡和社会稳定。国家作为旅游资源的所有者，应该享有旅游生态补偿的效益分享，并进行二次分配来用于生态补偿，是旅游生态补偿中的补偿客体。

地方政府。作为中央政府具体制度的执行机构，地方政府一方面要执行保护政策，另一方面要发展地方经济，需要从旅游业中获得地方经济的财政收入。因此地方政府往往有制度执行不力的行为发生。旅游地政府从旅游发展中获取收益，是旅游生态补偿的补偿主体。

旅游开发经营管理者与旅游者。这两类利益相关者在补偿关系中属于旅游开发的利益获得者，在不合理开发或是不文明旅游行为的情况下又成为旅游地生态环境的破坏者，因此他们是旅游生态补偿中的补偿主体。

旅游保护者。旅游保护者指由于旅游业的发展需要，生态资源利用方式受到限制或生态资源使用权被剥夺的当地居民，或是为了保护旅游地生态环境而作出贡献的社会团体、志愿部门或个人。他们是旅游生态补偿的补偿客体。

除了以上重要利益相关者的主客体界定，在补偿关系中，还有一个重要的补偿客体，即在旅游发展过程中受到破坏的自然资源和生态环境。

旅游者作为旅游活动的主体，是整个旅游活动中群体最大的利益相关者，他们对生态补偿的接受程度和支付意愿对于确立旅游生态补偿标准至关重要，因此本书选取旅游者作为研究对象，期望通过对旅游者支付意愿的研究为旅游生态补偿标准提供依据。

二、理论基础

（一）外部性理论

外部性又称为溢出效应，最早由英国经济学家马歇尔提出，指在生态或消费中，某个经济主体对另一个经济主体产生的一种外在影响，而这种影响又不能通过市场价格来进行传递，因而施加影响的经济主体没有得到好处或是付出代价。当这种影响能使他人或社会受益，而经济活动主体不会为自己的行为得到补偿，就称这种外部性为正外部性，也称为外部经济；当这种影响使他人或社会受损，而造成影响的经济主体没有为此付出成本的情况称为负外部性，或是外部负经济。帕累托最优状态假定所有的生产者和消费者的经济活动和消费活动都能通过市场上的销售和购买产生联系，从而达到一种理想的资源分配状态。当外部性存在时，某个商品对其他商品产生的影响就无法用市场价格反映出来，就会导致资源分配偏离帕累托最优状态。解决外部性内在化的典型理论是庇古税理论和科斯定理。

庇古税理论鼓励政府采纳征税的方式使外部性生产者的私人成本等于社会成本，抑制产生负外部性的经济活动，通过补贴的方式来激励产生正外部性的经济活动，从而实现外部性的内部化。环境税和资源税就是庇古税理论在生态补偿领域中的应用。科斯定理则认为解决外部性的本质是清晰界定产权，同时允许这些权利市场化，经济主体之间可以交易这些权利，政府的责任就是界定产权和保护产权。在产权明确的前提下，经济主体为了利益最大化会在市场机制的引导下达成协议，最终实现经济的合理配置。在交易费用不为零但也不是很高的情况下，可以利用科斯定理来实现资源的最佳配置。排污收费制度、退耕还林制度、排污权交易制度就是科斯定理在生态补偿实践中的应用。

旅游活动过程也存在外部性。正外部性表现在增加外汇收入、加快货币回笼、增加就业机会、推动脱贫致富等，还能促进不同地区之间的交流，有利于人们价值观和生活方式的更新，合理的旅游开发还可以促进生态环境的保护、民俗文化的挖掘与传承，使得总体的社会收益远大于旅游开发者与旅游者的个体收益。负外部性则表现在旅游活动对生态环境和自然资源的破坏，以及对当地居民生活和工作环境的干扰两个方面。旅游活动产生的正负外部性也需要采取一定的手段来予以解决。

（二）公共物品理论

20 世纪 50 年代，新古典经济学家萨缪尔森（Samuelson）提出公共物品（public goods）是指那种不管个人是否愿意购买，都可以使社会中的所有成员获益的物品，具有消费的非竞争性（non-rivalrousness）和非排他性(non-excludability) 两个特征。公共物品的特性特征使人们会以得到尽可能多的收益而不付任何代价的方式来享受公共物品的效益，这种情况下，非常容易发生“公地悲剧”和“搭便车”问题。公共资源的所有权在不明确的情况下不具有排他功能，从而导致这种公共资源被过度消费，最终结果是全体成员利益受损，这就是“公地悲剧”。同样，当公共资源的存在会使得个体有可能在不承担任何代价的情况下享受效益，那么个体就成为“搭便车”者，当所有社会成员都成为“搭便车”者，就会导致供给不足，最终结果是谁也享受不到公共资源。面对公共物品的特性，需要通过制度创新，重新界定公共物品的消费与供给，建立科学的生态补偿机制，确保生态保护者能够像生产私人物品一样得到有效激励，从而达到资源的有效配置。

旅游业涉及一部分的公共物品，如旅游业所依赖的生态产品、自然资源、生态系统服务具有公共物品的特性，如果这些环境和资源得不到保护，就容易产生“公地悲剧”和“搭便车”现象，结果导致资源的破坏和消失，使全社会的利益受损。因此，需要通过一系列的制度措施来明确权利、责任和义务，制定相应的政策来保护公共资源物品。

（三）环境资源价值理论

伴随着人类社会的飞速发展，人口数量持续增大，产业结构逐步变化、城市化和工业化进程加快，环境的重要性和稀缺性日益凸显，环境资源也逐渐从原来的“自然要素”演化为“环境资本”，甚至开始成为经济社会发展的战略资本。正确认识环境资本的价值有利于制定生态环境保护政策和生态资源利用政策，防止生态资源的破坏。环境资源价值的评估是制定环境保护和利用政策的关键，现在用来评估环境资源价值的方法以条件价值评估法为主。

生态环境为旅游业的开展提供了有利条件，是旅游开发的重要资源。如许多风景名胜区都以“环境优美，生态优良”等为旅游开发的核心吸引物，特别是在环境污染越发严重的现代社会，生态环境已经成为稀缺资源，其价值也在不断上升。运用适当的方法来评估旅游地环境资源的价值，能够为旅游生态补偿标准提供依据。

（四）生态足迹理论

1. 生态足迹的概念

生态足迹最早由加拿大人威廉（William）在1992年提出，之后其博士生瓦克纳格尔（Wackernagel）先后从不同侧面给出了“生产一定人口所消费的资源和吸纳这些人口消费生产的废弃物所需的生物生产性土地的面积”“能够持续地提供资源或消费废物的、具有生物生产力的地域空间”“一个国家范围内给定人口的消费负荷”等定义（吴文彬，2014）。具体来说，人类为了维持自身生存发展而进行的生产消费活动，需要消费自然资源并产生废弃物，会给自然资源带来一定的压力，而承受消费自然资源并产生废弃物压力的生物生产性土地面积，就是生态足迹。生态足迹指标是一种定量衡量可持续发展的指标，衡量尺度范围可包括全球、国家、省市县、产业甚至是个人，但其大小有时会因人口规模、技术、生活水平、生态生产力等因素而受影响。

生物生产性土地（ecologically productive land)是指拥有生物生产能力的土地和水体（刘冬梅，2007）。生物生产又称作生态生产，是指生态系统中的生物通过从外界吸收维持生命的物质和能量，转化成为新物质来实现物质和能量的积累。在生态足迹理论中，“生物生产性土地”作为生态足迹理论中最基本的概念，与“生态足迹”和“生态承载力”概念紧密相连。根据生产力大小的不同，一般将生物生产性土地分为耕地、草地、林地、建设用地、水域、化石燃料用地六大类。

在生态足迹的计算中，由于这六类生物生产性土地单位面积的生物生产力有差异，为了将这几类不同的生态系统空间汇总为区域生态足迹并进行比较分析，需要将这六类生物生产性土地面积的生产力转化为可进行比较的生物生产土地均衡面积。因此，生态足迹模型引入了两个重要的参数对各类生物生产性土地面积进行标准化处理，即均衡因子和产量因子，从而得到标准化后的全球平均生态生产力的面积总量。

均衡因子就是将给定年份的这六类生产生物性土地面积的平均生物生产力与全球平均生产力进行比较得出的比值，又被称为等价因子。在猫儿山景区生态足迹计算中，全球土地面积平均生产力取值为 1，均衡因子选用多数研究使用的国际标准均衡因子，分别是耕地为 2.8、林地为 1.1、草地为 0.5、建设用地为 2.8、水域为 0.2、化石能源地为 1.1（Wackernagel，1999）。

产量因子描述的是给定区域某一类土地面积的生产能力与对应的整体平均水平的差异，这种差异不仅是由自然条件本身造成的，也包含了土地管理和技术上的不同(Wackernagel et al.，2002；刘某承，2010)。

刘某承，李文华，谢高地.基于净初级生产力的中国生态足迹产量因子测算.生态学杂志，2010，29(3):592-597.

生态承载力是生态足迹理论中的一个概念，是一个地区能为人类生存发展所提供的生物生产性土地面积的总和（刘雯，2013）。生态承载力是生态系统的自我调节、自我维护以及提供资源环境容量的能力，在强调生态系统承载功能的同时突出对人类生产消费活动的承载能力（景跃军和张宇鹏，2008）。随着人类社会的发展与进步，人口不再是表征生态承载力的唯一计量，一个区域的生态承载力与科学技术、土地质量、人类消费模式等因素也有关系，所以为了避免误解，可参照人均生态承载力进行比较。生态承载力的计算公式如下：

$$EC=N\times ec=N\times \sum(a_j r_j y_j)\quad (j=1,\ 2,\ 3,\ \cdots,\ 6) \tag{2-1}$$

式中，EC 为区域内总生态承载力；ec 为人均生态承载力；N 为人口数；a_j 为人均生物生产性土地面积；r_j 为均衡因子；y_j 为产量因子。

2. 旅游生态足迹

旅游生态足迹主要研究的是与旅游活动关联的消费结构与特征，包括旅游活动的六要素对应的餐饮、住宿、交通、游览、购物和娱乐等方面的内容。生态足迹分析法通过科学测算旅游活动的环境影响与生态需求，有效测评旅游业的可持续发展。

目前，旅游生态足迹建立的计算方法借用了较为成熟的生态足迹方法。根据不同的数据采集方式可以分为综合法与成分法（陶在朴，2003）。综合法适用于宏观尺度的生态足迹计算，根据地区性或全国性的自下而上的统计资料，获取各消费项目的总数据结合人口数，得出人均消费量；成分法适合微观层次的生态足迹计算，主要通过调查问卷的发放和统计资料的查阅等方式自上而下地获得旅游活动中吃、住、行、游、购、娱的人均消费数据。旅游生态足迹的测算一般采用成分法，主要包括以下内容（杨桂华，李鹏，2005）。

（1）生产性土地面积的计算。生产性土地面积是通过对各个消费项目的生物资源消费和能源消费进行转换得出的土地面积。

生物资源消费与生产性土地面积的转换。利用生产力的统计数据，将旅游活动中所消耗的农产品、动物、水果等生物资源的消耗量折算为相应的生物生产性土地面积。计算公式如下：

$$S_i=C_i/p_i \tag{2-2}$$

式中，S_i 为 i 种生物使用的土地；C_i 为 i 种生物的消耗量；p_i 为世界上 i 种生物资源的平均产量。

能源消费与生产性土地面积的转换。采用国际上单位化石燃料生产土地面积的平均发热量为标准，将旅游活动中煤炭、石油、燃气、汽油、柴油和电力等能源所消耗的热量折算成一定的化石能源土地面积。

$$S_i=(C_i \times f)/GM \tag{2-3}$$

式中，S_i 为能源用地；C_i 为 i 种能源消耗量；f 为 i 中能源的折算系数；GM 为 i 种能源消耗量的全球平均能源指数。

（2）旅游生态足迹的计算。根据对食、住、行、游、购、娱的资源和能源转换而成的生产性土地面积的转换计算，得出生态足迹。由于六类基本的生物生产性土地的单位面积生物生产能力存在很大差异，因此为了使这六类不同的生物土地面积和计算结果可以进行比较与汇总，在生态足迹需求计算时，应在这几类不同的土地面积计算结果前分别乘以均衡因子，推算出生物生产土地均衡面积：

$$ef=\sum S_i \times e_i \tag{2-4}$$

式中，ef 为人均生态足迹；S_i 为 i 种生物使用的土地；e_i 为均衡因子。

（五）利益相关者理论

1. 利益相关者概念

利益相关者（stakeholder）是指“任何能影响到组织目标实现或被该目标所影响的团体或个人”（郑军南，2006）。利益相关者理论认为任何一个企业的发展都由各利益相关者投入与参与组成，企业追求的不仅仅是某个主体的利益，主要是各利益相关者的整体利益。该理论中，利益相关者包括了股东、雇员、债权人、供货商、消费者等交易者，政府部门、小区居民、环境保护者等团体组织，还包括自然环境等会直接或间接因企业经营活动受到影响的客体。需要指明的是因企业经营性质和范围存在差异，不同企业的利益相关者也并不完全相同，而且利益相关者具有动态性，其角色可能会随着组织的发展发生转换，因此需要对利益相关者的类型、权利及变化保持足够的敏感，以保证组织管理经营成功进行。

2. 利益相关者的关系

利益相关者理论中，企业是由不同要素提供者所组成的系统，是各种投入组合而成的。其管理的核心思想是：企业以平衡各个利益相关者的利益需求为根本来进行经营管理活动（黄昆，2004）。因此一个组织实现可持续发展的前提与基础是首先明确有哪些利益相关者，各自的利益要求是什么，主要利益相关者之间存在的关系，各相关者之间的利益矛盾如何调节。旅游生态补偿要素构成系统也非常复杂，涉及利益相关者众多，具体涉及的利益主体可通过利益相关者理论分析框架进行分析。

3. 利益相关者的界定

对于利益相关者的界定，国外学者从20世纪60年代便开始探索。90年代以后，美国学者米切尔归纳出了27种利益相关者定义，并提出了一种用来界定利益相关者的评分法（贾生华，陈宏辉，2002）。米切尔首先明确将利益相关者的认定和其特征这两个问题居于利益相关者理论的核心位置，也就是谁是利益相关者以及管理层根据什么对特殊群体给予关注。由此提出从合法性、权力性、紧急性三个属性对可能的利益相关者评分，根据三个属性分值的高低来确定利益主体及其类型。其中，合法性是指某个群体是否拥有法律或道义上赋予的对企业的索取权；权力性是指是否拥有可以影响企业决策的地位、能力与手段；紧急性是指某个群体的要求能否即刻引起管理者关注。依据上述三个属性，可以将企业的利益相关者划分为三类：同时拥有三个属性特征的属于确定型利益相关者；拥有两个的属于预期型利益相关者；只拥有一个的属于潜在的利益相关者。米切尔提出的评分法对于界定利益相关者具有可操作性，逐渐成为较为常用的利益相关者界定与分类的方法。不过米切尔的利益相关者分类模型是动态的，会随着个人或群体某些属性的改变而转变形态。

4.利益相关者理论在旅游生态补偿中的适用性

通过科学协调与管理多个利益主体的利益分配来达到组织目标实现的目的，就是利益相关者理论的核心。科学协调与管理的过程，就是组织制度安排和管理实践，科学合理地协调所涉及的利益相关者的利益矛盾，从而实现组织目标的过程。旅游地生态环境的保护涉及多个利益主体，各方利益主体目标载体的差异导致其在旅游业发展和生态环境保护中的利益要求有一定差别，需要协调各方利益主体的利益分配。只有协调平衡各利益相关者之间的利益关系，才能实现旅游业科学发展与环境保护的客观统一。利益相关者理论与旅游生态补偿的最终目标都是为了平衡各利益相关者之间的利益关系，促进组织目标的实现，能够进一步强化旅游生态补偿协调各方利益主体的功能，同时对实施旅游生态补偿实践具有理论指导作用。

第三章 研究地概况

一、范围界定

漓江位于广西壮族自治区东北部，流经历史文化名城桂林市，自北向南经过兴安、灵川、桂林、阳朔、平乐等地。漓江全长 227 千米，干流长 164 千米，总流域面积 6 050 平方千米。

桂林漓江风景名胜区位于广西壮族自治区东北部，“湘桂走廊”西南端，南岭山地西部。地理坐标为东经 110°10′～东经 110°40′，北纬 24°40′～北纬 25°40′，以漓江为纽带，呈南北向分布于桂林一市四县（桂林市区、阳朔县、灵川县、兴安县、平乐县）范围之内。

漓江以其秀美无双的自然山水景观名闻天下，尤以桂林至阳朔的 83 千米河段为精华，这段为典型的岩溶地貌发育区，两岸峰丛林立，植被繁盛，加之江水清澈见底，青山倒映碧水，形成了绝美的山水画。又有深潭险滩和流泉飞瀑点缀其间，让人畅游其中而不知返。

本书的研究范围为漓江风景名胜区，选取此区域作为研究范围有利于研究调查的开展，也能对于整个漓江流域旅游生态补偿的构建机制起到导向作用和示范作用。

二、自然概况

（一）地质地貌

桂林漓江风景名胜区位于岭南纬向构造带的西段及广西山字形构造东翼内侧，属桂东之南北向构造带的桂林弧形构造亚带，并夹于东西两侧之富川及大瑶山南北构造亚带之中。弧形构造是在特定的边界条件下形成的南北向构造的变种。弧形构造带展布范围北起全州绍水，南到平乐青龙，西达永福罗锦一带，东至恭城栗木以西，南北长 150 千米，东西宽 70 余千米。北翼散布于兴安、灵川境内，自北而南由窄变宽，为 20 ～ 45 千米。南翼散布于阳朔、平乐境内，自北而南宽 45 ～ 60 千米。故总体为一北窄南宽的帚状形态。弧顶位于临桂睦洞至灵川南圩一带，约北纬 25°03′～北纬 25°08′，位置适中。总体而言，两翼基本对称。

据区域构造发育史料记载，本区弧形构造生成之后，于燕山晚期至喜马拉雅期，还迭加有东西向构造、北东向新华夏系构造和北西向构造等，但由于其强度较弱、规模较小，尚不足以对弧形构造产生很大的破坏而改变其形貌（主要反映在断层方面，褶皱改造则不明显）。第三纪以来，本区受到了幅度达 150 米左右的差异抬升，奠定了桂林热带岩溶的基本格局。

桂林漓江风景名胜区内地层分布较多。震旦系、寒武系、奥陶系、志留系以及下泥盆纪基本为碎屑岩沉积，主要分布在东、西部及北部中低山区。奥陶系和志留系仅见于北部。下泥盆纪呈角度不整合盖于前泥盆系上。与岩溶发育关系密切的地方是中、上泥盆统和下石炭纪，此外还有少量下白垩纪和第四系。其中震旦系至下古生界构成基底岩系，上古生界至新生界为盖层沉积，主要由碳酸岩组成，厚度达4 000米以上，是桂林漓江风景名胜区热带岩溶发育的物质基础。

桂林漓江风景名胜区地形特点是北、东、西部较高，为碎屑岩中低山地貌。北部是五岭之一的越城岭，最高峰猫儿山，海拔2 142米；东部为北东—南西走向的海洋山，主峰宝界岭海拔1 936米；西部是南北走向的天平山和驾桥岭，主峰海拔皆在千米以上。风景区中部为漓江岩溶谷地，南北长120余千米，东西宽20～60千米，发育有岩溶侵蚀平原、峰丛洼地和峰林平原等地貌类型，是一个比较完整的水文地质单元。沿漓江分布有一系列的盆地。在岩溶侵蚀平原和低地上，峭立着众多的石峰并发育有大量的洞穴。从大圩以南的潜经村开始，漓江进入峰丛洼地的峡谷段，深切河谷相对高程达400余米，组成了绵延百里，驰名中外的岩溶山水画廊。

（二）气候

漓江风景区位于低纬地区，属于中亚热带湿润季风气候，光照充足，四季分明，温暖多雨。全年气温较高，年均气温18℃～19.1℃，年均日照1 553.09时，一年中雨日可达200天，无霜期长达308天，年均相对湿度76%，整体气候十分优越，全年适游期可达300天。从风景旅游角度看，一年四季均适宜开展活动，并且随着季节、昼夜、早晚的不同，桂林山水的景色千变万化。

从降水量地理分布看，流域北部是高降水区，向南降水逐渐减少。北部源头区年降水量等值线在2 000毫米以上，小溶江砚田、金石高达2 700毫米，是广西暴雨中心。流域南部降水量渐次减少，桂林附近为1 900毫米，阳朔附近为1 500毫米，年径流量等值线也取相同态势分布，由源头区的2 000毫米向下游逐渐降低，桂林附近为1 300

毫米，阳朔附近为800毫米。漓江干流坡降大，洪水暴涨暴落，最大上涨率为2.16米/时，一次洪水涨幅可达5～6米，峰形尖瘦。漓江是低沙量的河流，根据桂林水文站数据，多年平均含沙量为0.086千克/立方米，输沙量为34.3×10^{4}吨/年，汛期输沙量占全年的97%，枯水期的输沙量极低，有时为零，这是形成青山秀水的基础。但是近二三十年来，由于上游森林砍伐过度及林分的变化，中游开发力度加强，河流含沙量有增大的趋势。

（三）水文

桂林漓江风景名胜区内主要是漓江水系。漓江属珠江水系桂江支流上游，发源于兴安县猫儿山东麓，出口在平乐县恭城河口。漓江从源头到终点，穿越中山山地—丘陵谷地—峰林平原—峰丛峡谷—低山丘陵五个地貌单元，并表现出不同的景观特征。

上游源头段为花岗岩构成的中山山岳，主峰在2 000米以上，山脊在1 000米以上，河谷呈V字形，江水在崇山峻岭中穿行，水流湍急，发源处标高1 410米，到斧子口山口初标高210米，落差1 200米，坡降30‰。漓江源头支流主要有杉木江、六硐河（华江）、黄柏江、川江等。

漓江流出斧子口进入碎屑岩为主的低山丘陵谷地，山顶及山脊线标高在1 000米以下，多数在300～500米之间。江流受地质构造制约而曲折，两岸出现较大的漫滩和阶地（在溶江镇附近）。接近灵川县，地势逐渐降低，过渡为冲积盆地，至漓江与甘棠江汇合处为止，落差50米，坡降1.1‰。

由甘棠江汇合处起，漓江进入它的最大盆地，这是一个冲积盆地，又称为峰林平原，离立的孤峰构成其间别具特色的风景。两岸阶地宽阔平坦，漓江河床宽浅，河道在平原上流淌。在卫星照片中，至少可以划分出三条古河道，呈冲积扇状的沉积物覆盖在较老的Q2或Q3的红土砾石层上，阶地呈内叠式。尧山背斜山体的抬升，使河道向西突出呈一个大弧形，并使得东岸的一级级阶地比西岸的略高1米左右，阶地表面微微向西倾斜。桂林市区正处在向西弯曲的河道凹岸，侵蚀作用强烈的一侧。盆地在大圩结束。此段落差20米，坡降0.67‰。

自大圩起，漓江进入峰丛峡谷地貌区，江流在坚硬的石灰岩山体中左冲右突，曲折蜿蜒，其河谷迹线基本上受北东和北西两组区域性断裂构造的控制。两岸有悬挂式溶洞泉和地下河。溶洞、坡立谷的成层性明显，表明河床下切作用强烈。至阳朔福利为止，此段落差40米，坡降约0.5‰。由福利至平乐为漓江的最后一段，为碎屑岩低山丘陵地貌。福利是一个重要的地貌分野点，其北为岩溶地貌，其南为低山丘陵，河床失去两岸峰丛的束缚，再次变得宽阔，并出现了较多的河滩和沙洲。

漓江自桂林至阳朔这一风景河段，纵贯两个地貌单元，水程83千米，落差41米，坡降约0.5‰，是热带岩溶风景最成熟、最典型、最完美的河段，被称之为“黄金水道”和“百里画廊”。

漓江属雨源型河流，其径流量的变化受降雨时空分布的制约，洪枯季时间与降水丰枯期大致吻合。每年3～8月为汛期，其径流占全年80%以上，尤以5～6月洪水最大，其径流可达全年的40%。枯水期为9月至翌年2月，其径流仅为全年的20%，特别是12月至翌年1月，其径流仅为全年的5%。

（四）生物资源

桂林漓江风景名胜区属于亚热带湿润季风常绿阔叶林气候区，植被类型多样，有以猫儿山为代表的亚热带高海拔山地植物群落，它发育着地带性植被—常绿阔叶林和温性针叶林、暖性针叶林、温性针叶阔叶混交林、常绿落叶阔叶混交林、竹林、落叶阔叶灌丛、常绿阔叶灌丛、落叶阔叶林、灌草丛、草甸 10 个植被型，14 个植被亚型，17 个群系组，23 个群系，囊括中国中亚热带地区所有植被类型。此外漓江两岸的岩溶地区形成了独特的植被区系，种类组成亦颇为复杂。桂林漓江风景名胜区内植物种群的多样性、典型性和系统性在全球同纬度带内是罕见的。

桂林漓江风景名胜区动物区系属东洋界中印亚界的华中区西部山地亚区，经过多年调查，已知共有野生动物 5 036 种。脊椎动物颇为丰富，共有 533 种，其中哺乳纲 77 种，隶属 8 目 20 科；鸟纲 221 种，隶属 16 目 36 科；爬行纲 63 种，隶属 3 目 14 科；两栖纲 38 种，隶属 2 目 9 科；鱼纲 134 种，隶属 5 目 17 科。现已定名的昆虫有 4 520 种。

三、社会经济概况

研究区行政范围包括桂林市区和阳朔县共一县六城区，总人口 157.67 万人，耕地面积 50 443.33 公顷，水田面积为 27 925.45 公顷，园地面积 17 487.68 公顷，林地面积为 116 663.58 公顷[1]，其中阳朔和桂林市区的地区生产总值占据桂林市地区生产总值的 60% 以上。

2018 年年末，全市户籍总人口 538.15 万人，其中城镇人口 191.30 万人；常住人口 508.55 万人，其中城镇人口 254.28 万人，常住人口城镇化率为 50.00%。常住人口出生率 12.84‰，死亡率 6.40‰，人口自然增长率 6.44‰。

[1] 数据来自 2010 年桂林市土地利用总体规划。

初步核算，桂林市全年地区生产总值（按可比价格计算）比上年增长6.9%(图3-1)。其中，第一产业增长5.5%；第二产业增长4.9%；第三产业增长8.9%。三次产业增加值占地区生产总值的比重分别为19.6%、31.1%和49.3%，人均地区生产总值比上年增长6.1%。

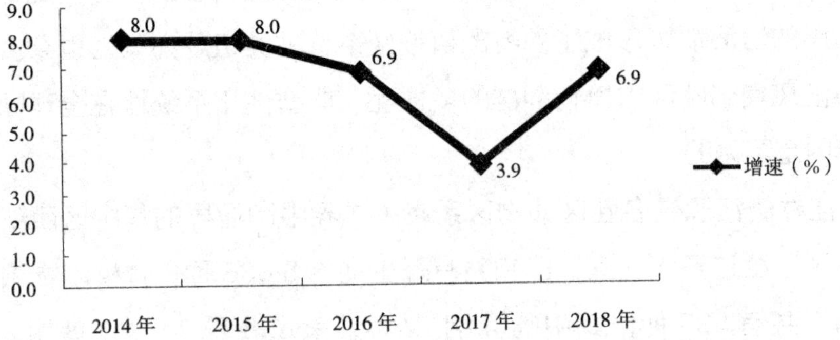

图3-1　2014—2018年桂林市地区生产总值增速

四、旅游发展概况

桂林市是国际知名的旅游城市和历史文化名城，历史文化底蕴深厚，自然山水风光优美。漓江流域最早以渔业、农林为主要的发展产业，随着改革开发以及社会经济和人文环境变化，旅游成为人们的生活需求，凭借资源优势和政策扶持，漓江旅游蓬勃发展起来，旅游业逐渐成为漓江的主导产业。漓江流域旅游资源丰富，按照《旅游资源分类、调查与评价》(GB/T 18972—2003)的旅游资源分类标准，漓江旅游资源涵盖了地文景观、水域景观、生物景观、人文活动等8个大类，种类丰富，数量繁多，具有极大的景观美学价值和游憩休闲价值。

漓江流域拥有世界级的旅游资源，是世界上规模最大、风景最美的岩溶山水游览景区之一，受到国内外人士的关注和赞赏。漓江是

1978 年国务院批准的第一批对外开放的景区之一，最初主要用于外事接待，这是漓江旅游发展的萌芽时期。漓江 1982 年被国务院列为国家第一批重点风景名胜区，1991 年在国家旅游局公布的“中国旅游胜地四十佳”名单中名列第二，1998 年被定为首批“全国文明风景区旅游示范点”，2001 年被国家旅游局评定为“国家 AAAA 级旅游景区点”，2007 年荣获“国家 AAAAA 级旅游景区点”称号，2010 年 8 月漓江作为中国唯一的代表入选美国《国家地理杂志》评选的世界十大水上奇迹，2013 年漓江被美国 CNN 评为“15 条值得一去的全球最美河流”之一。一系列的荣誉见证了漓江旅游业发展的历程，漓江旅游业随着中国经济的发展逐渐成长，是国内旅游业发展的缩影。漓江在变革中走向世界，成为中国的一张美丽的名片。

漓江旅游发展迅速，逐渐形成了以漓江为主要吸引物和发展轴线的桂林旅游目的地，成了桂林旅游业乃至广西旅游业发展的风向标。

第四章　基于生态足迹（EF）的漓江风景区旅游生态补偿实证研究

一、研究方法与研究思路

本研究基于生态足迹理论，以漓江上游国家级自然保护区内的桂林猫儿山景区为实证，对旅游生态补偿进行研究。文章对猫儿山基本情况、旅游生态补偿现状以及旅游生态补偿实施条件与障碍进行分析，并对景区旅游生态补偿的利益相关者进行界定，以确立旅游生态补偿标准的核算思路；以生态足迹方法为基础，以居民土地利用的机会成本、土地的游憩功能价值、旅游生态足迹效率与居民生态足迹效率之差作为对居民生态补偿的最低标准、最高标准和合理标准，构建基于生态足迹与旅游生态足迹效率测算的旅游生态补偿标准核算体系。通过对旅游生态足迹、居民生态足迹、旅游生态足迹效率、居民生态足迹效率、旅游生态足迹与居民生态足迹效率之差等数据的定量测算，选取与猫儿山景区旅游联系密切的华江瑶族乡居民作为典型代表，核算猫儿山景区居民的生态补偿标准。

二、旅游生态补偿责任主体的界定

旅游生态补偿的实施目标是为了促进旅游业与生态环境的可持续发展，归根结底是为了创造更多的经济、社会和环境效益。猫儿山景区旅游生态补偿的责任主体实际上就是旅游资源开发中的核心利益相关者，也就是指那些与旅游生态补偿有着合法关系和重大联系的群体或个体，这些利益相关者与旅游生态补偿相互作用，促使旅游生态补偿能够顺利实施。科学地识别这些利益主体是实施生态补偿的基础。

（一）利益相关者的界定

猫儿山景区旅游生态补偿利益相关者是在猫儿山景区生态保护、旅游开发及利用中产生的主体以及在环境保护开发和利用过程中受到影响的个体，包括自然和生态环境的破坏者和受益者、保护者和受益者。本文主要运用米切尔的评分法来确定猫儿山旅游资源保护与开发的利益相关者（李欢欢，2010；张一群，2015）。米切尔评分法中的三要素从旅游开发的角度来理解分别为：合法性——某个群体是否拥有在旅游资源保护与开发中被特予的索取权；权利性——指某个群体是否拥有可以影响旅游地旅游资源保护与开发决策的地位、能力与手段；紧迫性——可以理解为某个群体的要求是否能立即引起旅游地管理决策层的关注。采用此方法，结合对广西猫儿山原生态旅游有限公司管理人员、广西猫儿山国家级自然保护区管理局人员及高校旅游规划专家等人员的访谈与实地调研，初步界定出与猫儿山景区旅游资源保护与开发利益相关的群体与个人有：旅游者、旅游开发与经营者、政府部门、小区居民、生态系统、新闻媒体、环境保护者、科学研究者、社会公众等。通过对桂林理工大学、桂林旅游学院、广西师范大学等高校 10 位相关专家的咨询，将一致性最高的旅游者、旅游开发与经营者、政府部门、当地居民和生态系统五类对象确定为猫儿山景区旅游生态补偿的核心利益相关者，或说确定的利益相关者（表 4-1，图 4-1）。

表 4-1 景区旅游生态补偿利益相关者界定

利益相关群体	利益相关者分类	紧迫性	权利性	合法性
确定的利益相关者	政府部门	高	高	高
	旅游开发与经营者	高	高	高
	旅游者	高	高	高
	小区居民	中(递增)	低	高
	生态系统	高	高	高
预期的利益相关者	新闻媒体	中	中(递增)	低
	环境保护者	中	中(递增)	低
	科学研究者	中(递增)	中	低
潜在的利益相关者	社会公众	低	低	低

注：递增表示根据相关群体行为特征的阶段体现，可以推测出未来一段时间内其三个属性中的某一属性将逐渐增强。

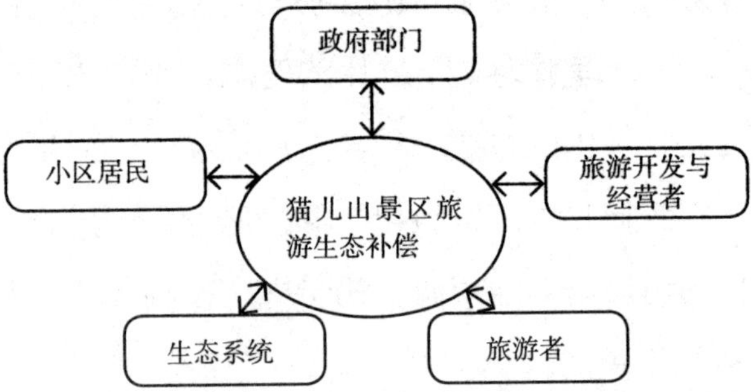

图 4-1 猫儿山景区旅游生态补偿核心利益相关者图谱

各利益相关者的属性特征判定以小区居民为例，这一群体的合法性为高，是因为小区居民是保护区生态环境的传统使用者，理应拥有保护地生态资源的收益权利；紧迫性为中，虽然居民的生产行为和参与生态保护的程度影响着旅游业发展和生态保护决策者，但其相关利益需求却容易被保护地决策者忽略，而矛盾和冲突需要经过较长时间的累积才会体现出来；小区居民的地位在旅游开发中往往处于弱势、被动的状态，因此其权力性判定为低。

（二）利益相关者的利益要求

旅游生态补偿利益相关者与旅游目的地生态环境保护和旅游业发展利益相关者往往具有高度一致性，他们的利益取向和需求不同，各自拥有的权利和应承担起的责任也有所不同。在旅游发展和环境保护中，利益相关者之间不合理的权责分配往往造成他们的利益失衡，只有深入剖析各利益方的利益要求，才能更科学地确定旅游生态补偿的主客体，更好实现旅游生态补偿在生态环境保护与旅游可持续发展之间的利益矛盾协调功能。

1.政府部门

旅游生态补偿中的政府部门可以细分为中央政府和地方政府。中央政府的需求是能保持国家经济稳定发展和生态环境的健康持续发展，所以通过有限的生态补偿资金来协调利益相关者的利益分配，维持旅游资源的价值。地方政府追求的利益是本地区经济的增长和自然环境的改善，以中央政府的相关决策为指导方向，最终实现当地经济增长和生态环境共存的和谐局面。

因此，政府部门的目的是实现经济、社会和环境效益的统一，将环境资源保护作为非盈利的政府行为，对旅游生态补偿的关注点主要放在公共服务管理功能上。具体一点来说政府部门的利益要求可体现在以下四点：一是通过生态环境的保护促进旅游业的发展，增加财政收入；二是追求旅游景区的稳定发展以增加就业率，缓解地方就业压力；三是通过旅游业带动其他产业的发展；四是通过旅游业的发展来提高当地的知名度。

2. 旅游者

旅游者是旅游产品的消费者，是旅游活动的服务对象。旅游者旅游的目的就是为了走出家门到旅游地欣赏不一样的自然风光，领略不一样的风土人情，抛开日常生活的压力和烦恼，通过旅游活动的体验产生快乐。因此旅游者的核心利益是为了体验高质量的旅游产品，并从旅游活动中放松身心，获得快乐。但是，旅游者也是旅游景区生态环境破坏的主要实施者。

3. 旅游企业

追求收益的最大化是旅游开发经营者永恒不变的追求，这也是一个企业生存发展的目标。但是由于旅游资源的特殊性和其价值的多重性，旅游景区的经营者在旅游相关法律法规的约束及自身环境优先的理性经营理念指引下，在实现旅游资源充分利用的同时实现旅游资源和生态环境的最好保护，达到经济效益和生态环境效益的内在统一，同时也要充分关注旅游地居民利益，形成和谐发展的旅游服务环境。总而言之，旅游开发和经营者只有通过保护旅游资源环境，同时有效改善并维持旅游发展环境，才能更好地获取当前利益兼顾长远收益。

4. 小区居民

小区居民是指旅游景区建设或旅游开发涉及的当地居住居民。旅游景区的发展与当地小区居民之间存在的密切性联系，使小区居民既受旅游业发展的影响，又影响着旅游业的发展，既是被影响者又是影响者。旅游业发展给居民带来的影响具有双面性，一方面景区旅游资源开发与旅游活动的开展促进了当地经济发展，改善了居民的生活条件，提供了就业机会，增加了居民收入，也提高了居民与外界交流的能力；另一方面，因旅游业的发展需要，居民需提供原有的生产土地，被迫改变了原有的生产生活方式，使其利益受到损害，付出了机会成本，同时居民在旅游发展中处于弱势的地位，其感知和利益需求总是容易被保护地决策层所忽视。一旦居民得不到利益，便会通过占用旅游资源或其他一些有利可图的行为来获取利益，影响旅游业发展的可持续性，因此需要充分关注和满足小区居民的利益要求。综上分析以及结合对猫儿山居民的访谈结果，小区居民的利益需求主要体现在如下三方面：能提供就业机会或者提供实用技能的培训；改善生活条件，提高生活水平；维护当地自然环境和人文环境。

5. 生态环境

旅游业的发展不可避免会对生态环境产生破坏，除了自然环境自身具备的对外界活动带来的干扰和破坏后的自我调节、恢复的能力，还需要外部补偿来实现对面临破坏威胁的生态环境的保护，同时对已遭受破坏且通过自然环境的调节无法自我恢复的生态环境进行外部的恢复与重建。

（三）旅游生态补偿的主体与对象

旅游生态补偿的主体就是指“谁来出钱”，是补偿资金的承担者；旅游生态补偿对象（或客体）就是指“补偿给谁”，是补偿受益者。结合对旅游生态补偿内涵的分析和上两节中对旅游地生态补偿利益相关者的界定以及其利益要求的分析，根据旅游生态补偿“污染者付费，受益者补偿”的原则，我们认为猫儿山景区旅游生态补偿的主体主要为旅游企业、旅游地政府和旅游者；对象为猫儿山生态系统及景区附近小区居民两类。

1. 补偿主体

（1）旅游企业。旅游企业是旅游开发、经营、管理者，它是旅游发展的直接经济利益受益者；同时，一些不合理的旅游开发利用方式和不恰当的旅游决策又会导致旅游地生态环境的破坏，使其成为旅游环境的污染破坏者，因此将其界定为猫儿山旅游生态补偿的补偿主体。

（2）旅游地政府。旅游所在地的地方政府是国有自然资源所有权的代理人，虽然其并没有直接参与保护地旅游资源的开发，但在旅游发展中间接地获得利益；政府直接拥有旅游生态补偿政策的制定权，同时，旅游资源又具有公共服务产品的属性，政府应当承担提供良好公共服务的职能。因此，在旅游生态补偿中，旅游所在地的地方政府应当成为主要的补偿主体。

（3）旅游者。旅游者通过利用生态资源，在旅游体验中获得了愉悦心情，是旅游发展的受益者，但是旅游者的旅游行为在客观上导致了旅游地生态环境的破坏，因此，旅游者既是获益者又是生态环境的主要破坏者，也应当成为旅游生态补偿的补偿主体之一。

2. 补偿对象

（1）生态系统。旅游开发所利用的通常是整个生态状态良好的生态系统，使生态系统成为旅游开发中的直接利益受损者。生态系统在旅游开发中受到的损害，通过其自身能力难以全部恢复，需要通过外部补偿来恢复与重建，以平衡生态系统，促进旅游业的发展。在旅游生态补偿具体的实施中，通常对生态系统的补偿由作为其代理人和中间人的保护地保护管理主体来接受，再用于生态系统的恢复与重建。所以生态系统是旅游生态补偿的重要补偿对象。

（2）小区居民。猫儿山景区附近居民世代依托当地的生态环境资源生存繁衍。旅游业的发展需要，使小区居民对当地生态资源的利用方式受到限制，使用权利被剥夺，他们只有适应旅游的发展，不断改变自己的生活生产方式，才能更好地生活下去。同时，小区居民的生产生活也会受到旅游业带来的空气、水、噪声污染等方面的负面影响，成为旅游业发展中生态环境负外部性的受害者。再者，小区居民也是旅游地生态环境的保护者和建设者，为旅游业发展保留了旅游资源，同时出于非义务范围，为当地的生态环境保护和建设作出了贡献。无论是作为旅游发展的利益受损者还是生态环境的保护者，旅游地小区居民都应该是旅游生态补偿关系中的补偿对象。

三、旅游生态补偿标准核算

（一）基本思路

生态补偿标准的核算主要以猫儿山景区小区居民为补偿对象，考虑到旅游地的土地所呈现的价值是双重的，这种价值一方面体现在居民因旅游业的发展及环境保护所需而被迫放弃原有生产生活方式的机会成本，也就是土地原有用途体现的生产价值；另一方面体现在随着旅游业的发展，土地衍生出来的游憩功能价值。因此在对居民旅游补偿标准的制定中需要兼顾居民原有土地的直接收益损失和土地被旅游业使用增加的游憩功能价值。具体来说，对居民的补偿标准首先需要确保其基本的收益损失，也就是因发展旅游被限制使用的原有土地产生的效益，即居民原有土地的直接收益损失，可将此作为补偿标准的下限，也就是补偿的最低标准。土地被旅游业利用后，一般会产生较为可观的效益，因此，可将土地转为旅游业使用后的效益，即土地的游憩功能价值作为补偿的上限，也就是补偿的最高标准。旅游业通过利用自然资源产生的效益与当地居民利用自然资源产生的效益之间是存在差异的，可用旅游者与居民的生态效益之差来确定合理的补偿标准。根据以上分析来构建猫儿山景区旅游生态补偿标准核算体系，为旅游地制定合理的生态补偿标准方法提供依据。

1.生态效率核算

生态效率是经济社会发展的价值量和资源环境消耗的实物量的比值，表示的是经济增长和环境压力之间的关系（张一群，2015）。从经济学角度来看，比值越大越说明少量的资源消耗创造的经济社会发展价值较大。

$$\text{生态效率}=\frac{\text{经济社会发展（价值量）}}{\text{资源环境消耗（实物量）}} \tag{4-1}$$

生态足迹包含了土地、水源、废弃物消耗的占用，在一定程度上更能反映对资源环境的消耗程度。因此将生态效率的计算稍作修正，用生态足迹替换资源环境消耗作为分母，更能反映生态效率。因此，可将猫儿山地区生产总值作为经济社会发展的价值量，以小区居民生态足迹作为资源环境消耗的实物量便可以得到居民的生态足迹效率，居民生态足迹效率越高则越说明猫儿山景区以较少的资源消耗为代价换取了较大的经济价值。将猫儿山景区旅游总收入作为经济社会发展的价值量，以旅游生态足迹总面积作为资源环境消耗的实物量可以得出旅游生态足迹效率。同理，比值越高越能说明猫儿山景区旅游活动中以较少的资源消耗为代价换取了较高的旅游收入，可反映出猫儿山景区的旅游资源利用方式和旅游经营行为是可持续的。猫儿山景区居民生态足迹效率和旅游生态足迹效率计算公式分别如下：

$$\text{居民生态效率}E_{ef}=\frac{\text{地区生产总值}G}{\text{社区居民生态足迹}EF} \tag{4-2}$$

$$\text{旅游生态效率}E_{tef}=\frac{\text{旅游地旅游总收入}T}{\text{地区旅游生态足迹总面积TEF}} \tag{4-3}$$

通过生态足迹效率可以反映某地区对生态环境的消耗，研究通过比较游客生态足迹效率与居民生态足迹效率的差异，来评估人类活动与旅游业发展对生态环境带来的压力。

2. 最低补偿标准核算

居民的生态足迹效率可以综合反映居民利用土地资源的能力与效益，因此，居民的机会成本即因土地利用变化所致的直接收益损失可由式（4-3）来反映。对居民直接收益损失的补偿是对居民利益的最低保障，作为最低的补偿标准，若居民获得的补偿低于此标准便等于居民的利益被剥夺。

$$EC_{\max}=R=E_{ef}\times S \quad (4\text{-}4)$$

式中，$EC_{\max}$ 为补偿标准的下限，R 为居民的直接收益损失价值，E_{ef} 为居民生态效率，S 为景区总面积。

居民生态效率是居民单位生态足迹的产出，可按照式（4-2）计算。

3. 最高补偿标准核算

居民的生态环境保护行为促进了生态环境的恢复，在气候调节、生物多样性保护、优化休闲环境等方面起到了有效的作用，从而增加了生态系统的服务功能价值。这些价值的实现对于旅游业而言可以吸引更多的旅游者，提高旅游收入，表现为土地游憩功能价值的整体提高。因此，假设生态公益林的面积全部用于旅游业的发展，土地的游憩功能价值可作为居民生态补偿的最高标准，按照式（4-5）计算。

$$EC_{\min}=V=E_{tef}\times S \quad (4\text{-}5)$$

式中，$EC_{\min}$ 为补偿标准的上限，V 为土地的游憩功能价值，E_{tef} 为旅游生态效率，S 为景区面积。

旅游生态效率是单位旅游生态足迹的产出，具体按照式（4-3）计算。

4. 合理补偿标准核算

在自然效益利用方面，旅游业发展和当地居民之间存在着差异，也就是旅游生态效率和居民生态足迹之间存在的差异。旅游生态效率大于居民生态效率是以挤占当地居民的生态效率为基础，而土地的游憩功能价值也难以通过旅游业全部置换。因此，可通过游客生态足迹效率与小区居民的生态足迹效率的差值来反映居民合理的生态补偿标准，按照式（4–6）计算。

$$EC_{\mathrm{I}}=(E_{tef}\times S-E_{ef}\times S)\times K \tag{4-6}$$

式中，EC_{I} 为居民合理的生态补偿价值，E_{tef} 为旅游生态效率，E_{ef} 为居民生态效率，S 为景区总面积，K 为生态补偿调节系数。

综合考虑国家、地方政府、旅游管理部门、小区居民等的意愿，生态补偿调节系数 K 一般取值为 1。

（二）猫儿山景区旅游生态补偿标准的核算

1. 研究资料与数据源

研究区域所需相关数据与资料分为以下三类：

（1）基础数据。包括猫儿山概况、当地居民常住人口、当地居民人均年生活消费食品类型及数量、各类旅游设施的总量及构成、能源消耗总量及构成等，数据采集于桂林市统计年鉴、桂林市交通发展规划、猫儿山景区旅游发展规划等。

（2）调查资料。包括猫儿山景区的面积，旅游交通、住宿、餐饮、娱乐、游览、购物等设施的面积，各类旅游设施的使用率，猫儿山景区旅游总人数及旅游总收入等，此部分数据源于广西猫儿山原生态旅游有限公司提供的数据；猫儿山景区游客构成、游客消费构成、游客购买旅游产品类型、游客旅游天数、游客交通工具选择等，此部分数据源于对游客的问卷调查。

（3）标准数据。包括不同类型土地的均衡因子和产量因子（表4-2）、世界单位化石燃料生产土地面积的平均发热量和折算系数（表4-3）、旅游住宿设施的建筑用地面积及能源消耗量，资料从相关研究文献中获取而来。

表4-2 猫儿山景区生态足迹计算中采用的均衡因子与产量因子汇总

土地类型	均衡因子	产量因子
耕 地	2.8	2.45
林 地	1.1	1.50
草 地	0.5	1.12
水 域	0.2	1.00
建设用地	2.8	2.45
化石能源	1.1	0.00

表4-3 世界单位化石燃料生产土地面积的平均发热量和折算系数

能源种类	发热量（GJ/公顷）	折算系数（GT/t）
煤 炭	55	20.983
原 油	93	41.868
汽 油	93	43.124
柴 油	93	42.705
天然气	93	38.978
液化石油气	71	50.200

注：GJ为热量单位，$1GJ=10^3MJ=10^9J$ t：重量单位，1t=1000kg

2.猫儿山景区旅游生态足迹

（1）旅游交通生态足迹计算。猫儿山景区旅游交通生态足迹的计算包括游客到猫儿山景区所使用的各类交通设施用地和旅游期间所使用交通工具的能源消耗。旅游交通设施用地是指到达旅游目的地猫儿山景区所需的相关交通设施（机场、火车站、汽车站、码头、铁路、公路、景区停车场等）及游客占用部分的建成地面积；能源消耗是游客从客源地到猫儿山景区之间往返使用的交通工具（飞机、火车、轮船、出租车、大巴车等）和在猫儿山景区游客中心至山顶转移所乘景区大巴车的能源消耗。计算公式如下：

$$\mathrm{TEF_t} = \sum (S_i \times V_i) + (T_j \times D_j \times C_j / r) \qquad (4\text{-}7)$$

式中，S_i 为第 i 类交通设施的面积，V_i 为第 i 类交通设施的游客使用率；T_j 为第 j 类交通工具的游客使用人数，D_j 为使用第 j 类交通工具游客的平均旅行距离；C_j 为第 j 类交通工具的人均单位距离能源消耗量；r 为单位化石能源的平均发热量。

猫儿山景区对外交通较为便捷，以铁路和公路为主。铁路有黔桂、枝柳、湘桂铁路，连着泉南、桂梧、桂林高速公路以及从华江乡通往景区的四级公路，形成便利的对外交通。

对猫儿山景区游客及附近居民进行抽样调查及访谈活动，其中面对游客发放问卷 200 份，均为有效问卷。通过对游客的抽样调查，以及向景区运营公司进行相关资料的收集，数据显示 2014 年猫儿山景区的游客构成基本以国内游客为主，以广西区内游客居多，占到游客市场的 70%，多为桂林本地以及柳州、南宁游客，其中桂林本地游客占到区内游客的 68%；其次为广西周边的广东、湖南游客。在对“游客选择何种交通工具到达桂林”的调查问题中，69% 的游客选择自驾车和大巴车，说明多数游客来自猫儿山景区周边或桂林周边；23% 的游客选择乘坐火车；7.5% 的游客选择乘坐飞机。关于游客“在景区上山的过程中选择何种交通工具”的问题中，74% 的游客选择乘坐景区大巴上山；26% 的游客选择徒步上山。猫儿山景区游客构成、游客出游交通方式的选择分别如图 4-2、图 4-3 所示。

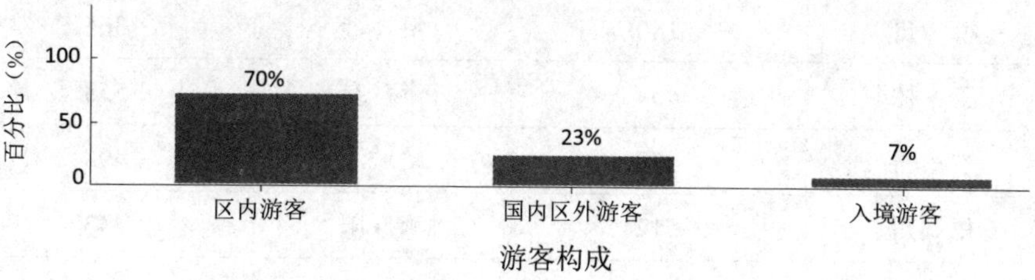

图 4-2 猫儿山景区游客构成

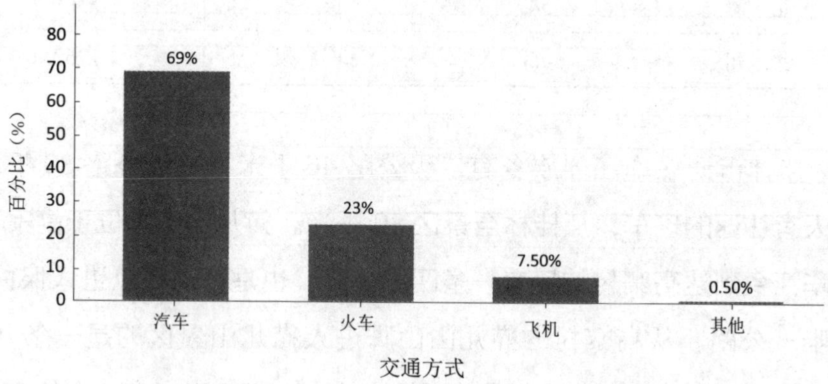

图 4-3 猫儿山景区游客旅游交通方式构成

为了简化计算，将桂林以外的城市（主要为广西区内）到猫儿山景区作为区外距离，交通工具为火车；桂林市到猫儿山景区的交通道路为区内距离，交通工具为汽车。

景区近邻黔桂、枝柳、湘桂铁路和京广高铁，有通往全国各地的游客列车。根据猫儿山景区主要客源地广西区内以及广州、湖南永州等地平均距离，得乘火车到猫儿山景区旅游区外平均距离为 405.23 千米（表 4-4）。

表 4-4　铁路里程表

桂　林	里　程（km）	桂　林	里　程（km）
南　宁	420	百　色	665
柳　州	180	贵　港	365
玉　林	454	崇　左	553
贺　州	379	防城港	498
梧　州	512	衡　阳	343
来　宾	246	永　州	171
北　海	547	长　沙	519
钦　州	456	广　州	176

桂林市通往华江瑶族乡有二级公路 46 千米，三级公路 39 千米，每天有往返的班车，从桂林至景区 80 千米。猫儿山山脚位于高寨村，从华江乡到达高寨村的只有一条四级公路，也是目前可以进入保护区的唯一公路。从高寨村的猫儿山山脚进入猫儿山景区的是一条九曲十八弯的盘山公路，公路局部地区坡度较大，宽 5 米左右，全长 23 千米，景区禁止私家车上山。山脚有停车场，每天由景区旅游大巴承载游客上山观光游览。假设区外游客和区内游客均需经过桂林乘坐汽车到达景区，其路线为桂林（乘坐大巴车 / 小轿车）→猫儿山游客中心（乘景区大巴车）→猫儿山山顶。根据此路线，可得乘坐汽车到猫儿山景区旅游区内平均距离为 103 千米。

在猫儿山景区交通设施中，机场、火车站、汽车站等设施均不在研究景区内，且考虑到火车站、汽车站建成用地较小，对其旅游用地面积可忽略不计。因此，猫儿山旅游交通设施足迹的计算可只考虑景区停车场占用部分。猫儿山景区内有两个停车场——游客中心停车场和超然派停车场，共 6 000 平方米，可停放大小车辆 180 辆。

根据旅游交通生态足迹计算公式，猫儿山景区交通工具能耗足迹如表 4-5 所示。

表 4-5　猫儿山景区交通工具能耗生态足迹

类　型	游客量（人）	平均距离（km）	单位距离能耗 (kg/km* 人)	全球平均能源占用（GJ/公顷）	折算系数（GJ/T）	生态足迹（公顷）	土地类型
铁　路	347 000	405.23	0.013 3	93	42.705	858.773	化石能源
公　路	500 000	103.00	0.013 3	93	43.124	317.611	化石能源
合　计						1 176.384	

由以上分析，可得猫儿山景区旅游交通生态足迹，如表 4-6 所示。

表 4-6　猫儿山景区旅游交通生态足迹

项　目	总　量	账户类型	
		建成地	能源消耗
旅游交通生态足迹（公顷）	1 295.70	1.68	1 294.02
人均旅游交通生态足迹($\times 10^{-5}$公顷)	259.14	0.34	258.80
百分比	100%	0.14%	99.86%

（2）旅游餐饮生态足迹计算。旅游餐饮生态足迹的计算包括为旅游者提供餐饮服务的设施建筑用地面积，游客食物消费的耕地、草地、林地、水域面积以及餐饮服务消耗的化石能源地面积。由于猫儿山景

区内只有一家山顶酒店，而就餐设施已附属于该酒店住宿设施内，为避免重复，此处不再计算设施占地，同时游客中心附近社会餐馆的游客食物消费量及能源消费量的数据因无官方统计数据，经营者难以准确把握等因素的存在使其在获取中困难较大。假定游客每天的饮食消费量及其能源消耗量与当地居民相同，再根据实际调查情况对其稍作调整。计算公式如下：

$$TEF_f = \sum S + \sum (N \times D \times C_i / P_i) + \sum (N \times D \times E_j / r_j) \quad (4-8)$$

式中，S 为各类社会餐饮设施的建成地面积；N 为旅游者人次数；D 为旅游者平均旅游天数；C_i 为第 i 种食物的游客人均每日消费量，P_i 为第 i 种食物所对应的生物生产性土地的年平均生产力，E_j 为第 j 类能源的游客人均每日消耗量，r_j 为第 j 类能源的单位化石燃料生产土地面积的平均发热量。

根据猫儿山生态旅游公司提供的资料，2014 年景区游客量为 50 万人次。在《猫儿山景区旅游生态补偿调查问卷》中关于游客“在景区停留几天”的问题，44% 的游客表示只停留 1 天；40% 的游客表示停留 2 天；16% 的游客表示会停留三天或以上，根据此调查结果统计得到游客平均旅游天数为 1.5 天，根据《桂林经济社会统计年鉴 2014》获取兴安县人均全年购买主要商品数量以及能源消耗量。

由此根据旅游餐饮生态足迹的计算公式测算出猫儿山景区 2014 年每人次游客旅游食物消费的生物生产面积和提供餐饮服务能耗的化石能源地面积，从而计算出猫儿山景区旅游餐饮生态足迹（表 4-7 至表 4-9）。

表 4-7　猫儿山景区旅游者餐饮消费生态足迹

项　目	游客人次消费量（$\times10^{-2}$kg）	游客消费总量（kg）	全球平均产量（kg/公顷）	旅游餐饮生态足迹（公顷）	人均旅游餐饮生态足迹（$\times10^{-5}$公顷）	土地类型
粮　食	46.49	232 450	2 744	84.71	1.69	耕　地
食　油	4.93	24 650	1 856	13.28	0.27	耕　地
鲜　菜	73.69	368 450	18 000	20.48	0.41	耕　地
猪　肉	8.61	43 050	74	581.76	11.64	草　地
牛羊肉	1.93	9 650	33	292.42	5.85	草　地
禽　类	3.25	16 250	457	35.56	0.71	草　地
鲜　奶	8.54	42 700	534	79.96	1.60	草　地
蛋　类	16.23	81 150	502	161.65	3.23	草　地
白　酒	0.88	4 400	1 871	2.35	0.05	耕　地
瓜果类	23.18	115 900	2 500	46.36	0.93	耕　地
水产品	10.55	52 750	29	1 818.97	36.38	水　域
燃　气	8.74	43 700	1 414①	30.91	0.62	化石能源地
煤　炭	26.42	132 100	2 627②	50.29	1.01	化石能源地
合　计				3 218.7	64.39	

注：1. 全球平均产量来源于文献数据（吴文彬，2014）；
　　2. 燃气的全球平均产量按照化石燃料发热量和折算系数换算得到。

表 4-8　猫儿山景区旅游者餐饮消费均衡生态足迹

项　目	土地类型	均衡因子	均衡后生态足迹（公顷）	均衡后人均生态足迹（$\times10^{-5}$公顷）
粮　食	耕　地	2.8	237.18	47.32
食　油	耕　地	2.8	37.18	7.56

续表

项目	土地类型	均衡因子	均衡后生态足迹（公顷）	均衡后人均生态足迹（$\times 10^{-5}$公顷）
鲜菜	耕地	2.8	57.34	11.40
猪肉	草地	0.5	290.88	58.20
牛羊肉	草地	0.5	146.21	29.25
禽类	草地	0.5	17.78	3.55
鲜奶	草地	0.5	39.98	8.00
蛋类	草地	0.5	80.82	16.15
白酒	耕地	2.8	6.58	1.40
瓜果类	耕地	2.8	129.8	26.04
水产品	水域	0.2	363.79	72.76
燃气	化石能源地	1.1	34.00	6.82
煤炭	化石能源地	1.1	55.31	10.10
合计			1 496.85	298.55

表 4-9　猫儿山景区旅游者餐饮生态足迹

项目	总量	账户类型		
		生物资源消耗	能源消耗	建成地部分
均衡后旅游餐饮生态足迹（公顷）	1 496.85	1 407.54	89.31	0
均衡后人均旅游餐饮生态足迹（$\times 10^{-5}$公顷）	298.55	281.63	16.92	0
百分比（100%）	100%	94%	0.60%	0

（3）旅游住宿生态足迹计算。旅游住宿生态足迹的计算包括为游客提供住宿床位的建筑地面积以及为游客提供相应服务的能源消耗，包括空调、照明、保洁等耗能。计算公式为：

$$\mathrm{TEF_a} = \sum (A_i \times S_i) + \sum (365 \times A_i \times F_i \times C_i / r) \qquad (4\text{-}9)$$

式中，A_i 为第 i 种住宿设施的床位数；S_i 为第 i 类住宿设施单个床位建筑占用面积；F_i 为第 i 类住宿设施的年客房平均出租率；C_i 为第 i 种住宿设施每个床位的所消耗的能源；r 为单位化石能源的平均发热量。

住宿设施的建成地面积和能源消耗统计存在一定难度，一般采用按照床位计算的方法进行计算。因住宿设施存在档次、类型的不同，其所需的建筑面积要求及能源消耗也会有差异，可以将住宿设施基本类型划分为：五星级酒店、三四星级酒店、一二星级酒店、私人旅舍、普通旅馆等。各类型住宿相应的每个床位的占地面积和能源消耗（表 4–10）。

表 4–10　各类型住宿每个床位的占地面积和能源消耗

类　型	床位面积（m^2）	能源消耗（MJ）
五星级酒店	2 000	110
三四星级酒店	300	70
一二星级酒店	100	40
公共旅馆	60	30
私人旅馆	50	30
游　轮	15	40

目前，猫儿山景区住宿设施较为完善，拥有山顶的云峰阁酒店以及山脚下约 30 家农家乐（星级农家乐 5 家，农家乐旅游示范户 6 家），各类旅游住宿设施总床位数为 1 285 张，游客也可以选择在山顶自搭帐篷露营。各类旅游住宿设施中，云峰阁酒店拥有 200 间客房，325 个床位，按照四星级酒店标准建造，每间客房配备四星级酒店完善设

施。根据猫儿山原生态景区旅游公司提供的数据，云峰阁酒店年平均客房出租率为36.23%。宾馆招待所床位数为240张，农家乐床位数为720张。根据对游客住宿类型选择的调查结果，44.9%的游客选择在山顶自搭帐篷；35.6%的游客选择景区山顶宾馆，这与猫儿山景区提供的年平均客房出租率较为接近；19.5%的游客选择了周边的农家乐。游客选择的自搭帐篷的住宿方式非常环保，所产生的生态足迹较小，可忽略。根据旅游住宿生态足迹的计算公式和表4-10，可得2014年猫儿山景区旅游住宿设施生态足迹和旅游住宿能耗生态足迹，如表4-11和表4-12所示。

表4-11　猫儿山景区旅游住宿设施足迹

住宿设施	床位数（床）	床位建筑用地面积（m^2）	旅游住宿生态足迹（公顷）	人均住宿生态足迹（$\times10^{-5}$公顷）
星级酒店	325	300	9.75	1.95
招待所	240	100	2.40	0.48
农家乐	720	50	3.60	0.72
合　计			15.75	3.15

表4-12　猫儿山景区旅游住宿能耗生态足迹

住宿设施	床位数（床）	年客房出租率（%）	能源消耗量（MJ/床）	全球平均能源（GJ/公顷）	旅游住宿能耗足迹（公顷）	人均旅游住宿能耗足迹（$\times10^{-5}$公顷）
星级酒店	325	36.23	200	55	156.283	31.256 6
招待所	240	27.82	100	（折算为煤炭）	44.309 7	8.861 9
农家乐	720	55.64	50		132.929	26.585 8
合　计					333.521 7	66.704 3

依上分析，可得猫儿山景区旅游住宿生态足迹，如表 4-13 所示。

表 4-13　猫儿山景区旅游住宿生态足迹

项　目	总　量	账户类型	
		建成地	能源消耗
旅游住宿生态足迹（公顷）	410.97	44.10	366.87
人均旅游住宿生态足迹（$\times 10^{-5}$ 公顷）	82.19	8.82	73.37
百分比	100%	10.70%	89.30%

（4）旅游游览生态足迹计算。猫儿山景区旅游游览生态足迹的计算中包括景区内游客中心及各景点的的游览步道、公路、观景空间的建筑用地面积之和。其中因公路子账户与旅游交通区域有重合，为了避免计算过程与旅游交通生态足迹部分计算的重复，不再计算公路这部分的面积。计算公式如下：

$$TEF_v = \sum S_i + \sum D_i + \sum H \quad (4\text{-}10)$$

式中，S_i 为第 i 个旅游景点游览步道的建成地面积；D_i 为第 i 个旅游景点观光空间的建成地面积；H 为景区内游客中心的建筑占地面积。

为了保证环境质量，猫儿山景区的旅游区域均在沿上山公路的线性区域内展开，包括高山公园、八角田三江源景区、植物园、老山界杜鹃园等 6 个景区共 26 个景点，根据《广西猫儿山自然保护区总体规划》及猫儿山生态旅游公司提供的资料，整理得出猫儿山景区内可供游览的活动区域面积 12 公顷，游道面积 4.48 公顷（表 4-14）。

表 4-14　猫儿山景区旅游游览生态足迹账户

区　域	可游览区域面积（公顷）	游览步道面积（公顷）	游客中心面积（公顷）	旅游游览生态足迹（公顷）	人均旅游游览生态足迹（$\times 10^{-5}$公顷）
猫儿山景区	12	4.48	0.15	16.63	3.33

2014 年猫儿山景区人均旅游游览生态足迹见表 4-15。

表 4-15　猫儿山景区人均旅游游览生态足迹

项　目	总　量	账户类型
		建成地
旅游游览生态足迹（公顷）	46.564	46.564
人均旅游游览生态足迹（$\times 10^{-5}$ 公顷）	9.31	9.31
百分比	100%	100%

（5）旅游购物生态足迹计算。旅游购物生态足迹包括旅游购物场所的建筑面积、旅游商品消费量所对应的生物生产性土地和生产旅游商品的能源消耗。计算公式如下：

$$\mathrm{TEF}_s = \sum S_i + A_i / a \qquad (4\text{-}11)$$

式中，S_i 为当地特色商品生产与销售设施的建筑用地；A_i 为第 i 类当地特色商品的销售量；a 为第 i 类商品对应的生物生产性土地的年平均生产力。

根据对游客问卷调查统计结果显示，游客的购物消费约占总消费量的 3.8%，2014 年猫儿山景区旅游总收入为 9 000 万元，可得旅游商品销售收入为 342 万元。所购物品大多为香菇、干笋等由居民散售的林地产品，此类商品的平均价格来源于市场调查，平均产量来源于广西统计年鉴的资料。猫儿山景区内现阶段只有一个购物超市，其建筑面积包含在游客中心的总面积内。同时根据对猫儿山景区游客的问卷调查，结合猫儿山生态旅游公司的访谈，游客到购物超市主要购买的物品基本上都是水与食品，且大多游客均自带，购买量较少，其购物商品的生物资源消耗及能源消耗非常少，可忽略不计。购物超市的占地面积因包括在游客中心的总面积内，为避免与旅游游览生态足迹的重复，在此不重复计算（表4–16）。

表4–16　猫儿山景区旅游购物生态足迹账户

项　目	消费总额（万元）	消费比例	消费额	平均价格（元/kg）	消费量(kg)	平均产量(kg/公顷)	购物生态足迹（公顷）	人均购物生态足迹（公顷）	土地类型
香　菇	342	40.10%	1 371 420	35	39 183.43	3 500	11.195 3	0.000 022 39	林　地
干　笋		59.90%	2 048 580	70	29 265.43	1 281	22.845 8	0.000 045 69	林　地
合　计							34.041 1	0.000 068 08	林　地

猫儿山景区旅游购物生态足迹计算如表4–17所示。

表4–17　猫儿山景区旅游购物生态足迹账户生态足迹

项　目	总　量	账户类型
		林　地
旅游购物生态足迹（公顷）	37.45	37.45
人均旅游购物生态足迹（$\times 10^{-5}$公顷）	7.49	7.49
百分比	100%	100%

（6）旅游娱乐生态足迹计算。旅游娱乐生态足迹的计算包括旅游休闲娱乐设施的建筑占地面积及能源消耗。一般娱乐活动的能源消耗较少，可不必计算在内。旅游娱乐生态足迹的计算公式如下：

$$TEF_e = \sum S_i \tag{4-12}$$

式中，S_i 为 i 种娱乐设施的建筑占地面积。

猫儿山景区主要为生态旅游景区，仅有的一个大型娱乐设施——超然派度假山庄建设在保护区内，以户外拓展训练为主要娱乐项目，占地 30 公顷。根据旅游娱乐生态足迹计算公式，得出猫儿山景区旅游娱乐生态足迹为 30 公顷，均衡后旅游娱乐生态足迹为 84 公顷，均衡后人均旅游娱乐生态足迹为 0.000 168 公顷，土地类型为建成地。

（7）猫儿山景区旅游生态足迹。汇总猫儿山景区旅游交通、餐饮、住宿、购物、游览、娱乐六个部分的生态足迹，可得出猫儿山景区的旅游生态足迹如下：

$$TEF=TEF_t+TEF_f+TEF_a+TEF_s+TEF_v+TEF_e \tag{4-13}$$

可得猫儿山景区旅游生态足迹为 1 583.17 公顷，人均旅游生态足迹为 0.003 158 6 公顷。

（8）猫儿山景区旅游生态足迹分析。

①生态足迹构成分析。在猫儿山旅游生态足迹总体构成中，旅游餐饮占旅游总生态足迹的 44.40%，占据了第一位。占据旅游总生态足迹比重第二位的是旅游交通，占 38.44%，旅游住宿占比为 12.19%，旅游娱乐、旅游游览的占比分别为 2.49%、1.38%，旅游购物生态足迹占比最小，为 1.10%（表 4-18、表 4-19）。

表 4-18　猫儿山景区均衡后旅游生态足迹结构

旅游生态足迹结构	均衡后旅游生态足迹（公顷）	均衡后人均旅游生态足迹（$\times 10^{-5}$ 公顷）	比例（%）
旅游交通	1 295.7	259.14	38.44
旅游餐饮	1 496.85	298.55	44.40
旅游住宿	410.97	82.19	12.19
旅游游览	46.56	9.31	1.38
旅游购物	37.45	7.49	1.10
旅游娱乐	84.00	16.80	2.49
合　计	3 371.53	674.31	100.00

表 4-19　旅游生态足迹中六种生物生产性土地所占比例

类　型	化石能源地	建成地	耕　地	草　地	林　地	水　域	总　计
总量（公顷）	1 750.06	176.34	468.08	575.67	37.59	363.79	3 371.53
人均量（$\times 10^{-5}$ 公顷）	350.01	35.27	93.63	115.13	7.48	72.79	674.31
百分比（%）	51.91	5.23	13.88	17.07	1.11	10.80	100

旅游餐饮生态足迹：旅游餐饮生态足迹在猫儿山旅游生态足迹中占据最大比重，以食物消耗部分为主，其中肉类和水产品是食物消耗的主要组成部分，占了食物足迹的 58.2%，粮食、食用油和鲜菜占了食物足迹的 24%。这说明生产肉类食物所需土地的面积较多，旅游活动中需要消耗高能量的食物。

旅游交通生态足迹：旅游交通生态足迹在猫儿山旅游生态足迹中占比仅次于餐饮生态足迹。在其生态足迹的具体构成中 99.86% 为交通工具的能源消耗，完善的交通设施虽然为景区提供了方便的外部交通条件，也使景区形成了较高的旅游生态足迹。景区为安全管理，私家车禁止上山，可停放在景区停车场内，统一乘坐景区大巴车是游客从景区游客中心到达山顶必选的交通方式，也产生了较大部分的生态足迹。景区内的建筑占地仅为景区停车场，面积为 6 000 平方米，在交通生态足迹总量中的比重较少，为 0.14%。

旅游住宿生态足迹：旅游住宿生态足迹排在餐饮和交通之后，为第三位。相比前两项，猫儿山景区住宿功能还有待提高，虽然云峰阁酒店以四星级标准进行了重装，在一定程度上提高了住宿的条件，但同类型的住宿设施较少，大多为山脚下规模较小的农家乐，可适当再多增加一些高档次的住宿设施以满足不同消费层次的游客需求。另外住宿设施在总生态足迹中的占比情况也与部分游客选择在山顶搭建帐篷有关。

旅游娱乐生态足迹：旅游娱乐生态足迹主要来源于山脚下的超然派度假山庄，休闲娱乐内容主要以户外拓展训练为主，产生的能源消耗非常少，因此娱乐生态足迹只计算了其占地面积。

旅游游览生态足迹：游览足迹为 46.56 公顷，人均游览足迹为 0.000 093 1 公顷，游览生态足迹在猫儿山旅游生态足迹的占比为 1.38%，占比仅高于旅游购物生态足迹，由此可以说明游览活动对生态旅游景区的生态影响并不是很大。原因在于猫儿山景区属于自然保护区类的生态旅游景区，因保护需要，可供游览的面积较小，而且旅游观光区均处于上山公路的沿边，游览足迹偏小。

旅游购物生态足迹：旅游购物生态足迹的占比最小，为 1.1%。猫儿山景区还没有大型高档的旅游商品购物中心，游客购物支出很少，所购买的物品大多为当地农家自产自销的产品，购物足迹相对较少。

猫儿山景区应构建大型的具有地方特色的旅游商品销售中心，加强旅游商品的开发包装和销售宣传，使其丰富优良的土特产资源得到更好利用。

②生态足迹土地类型分析。猫儿山旅游生态足迹中各类土地的足迹大小占比分别为：化石能源地占 51.91%，建成地占 5.23%，耕地占 13.88%，草地占 17.07%，林地占 1.11%，水域占 10.80%。

在旅游生态足迹中，面积最大的为化石能源，首先表现在旅游交通、住宿、餐饮产生的能源消耗面积，说明旅游活动中能源消耗对生态影响作用非常大，不可小觑；其次为草地、耕地和水域，这三类土地类型的生态足迹主要来源于餐饮生态足迹中的食物消耗；建成地占比 5.23%，主要来源于交通设施、住宿设施、游览设施等所需的建成地面积；林地占地 1.11%，主要是游客购买干笋等土特产品产生的林地足迹。建成地和林地的生态足迹占比比重远小于其他土地类型，这与猫儿山景区作为自然保护区需要尽量保持自然原始性的生态理念有关。

③旅游生态效率计算。根据对猫儿山生态旅游公司的实地调研，猫儿山景区 2014 年的旅游收入为 9 000 万元，根据式（4-3），可得猫儿山景区旅游生态效率为：

90 000 000 元 /3 371.53 公顷 =26 694 元 / 公顷

（三）猫儿山景区居民生态足迹

猫儿山景区居民的生态足迹计算包括维持居民自然资源消费量及产生的废弃物吸纳的生物生产性土地面积，再通过产量调整等量化处理对其进行计算。计算公式如下：

$$EF=N\cdot ef=N\cdot \sum (aa_i)=N\cdot \sum (c_i/p_i) \qquad (4-14)$$

式中，i 为消费商品和投入的类型；p_i 为 i 种消费商品的平均生产能力；c_i 为 i 种商品的人均消费量；aa_i 为人均第 i 种交易商品转换的生物生产性土地面积；N 为人口数；ef 为人均生态足迹；EF 为总的生态足迹。

1. 居民生态足迹计算

猫儿山自然保护区包括兴安县的华江乡、金石乡，资源县的中峰乡、车田乡，龙胜县的江底乡等地区，但猫儿山已开发的景区主要位于兴安县的华江乡范围内，受景区旅游开发影响最大的区域也主要为华江乡，目前进入猫儿山景区只有经过通往华江乡高寨村的一条四级公路，且华江乡居民对旅游生态补偿的要求最为强烈。

因此，本文主要通过测度华江乡居民的人均生态足迹来代表猫儿山景区周边居民对自然资源生态消费需求的一般水平，具有典型性。

猫儿山景区居民消耗的生活资源量按照兴安县平均水平计，华江乡现有住户 6 126 户，总人口 17 647 人，根据桂林经济社会统计资料以及居民生态足迹计算公式，得出猫儿山居民生态足迹为 6 541.45 公顷，人均生态足迹为 0.370 685 公顷，人均每日生态足迹为 0.001 015 6 公顷，见表 4-20。

对比猫儿山景区旅游生态足迹与居民生态足迹，猫儿山景区人均旅游生态足迹年度转化后为当地居民人均生态足迹的 6.6 倍。这种结果表明虽然猫儿山景区作为自然保护区其游憩活动与其他性质的景区相比具有低消耗性，但是对于生态环境脆弱的自然保护区来说，旅游活动对景区的可持续发展的负面影响作用不容忽视。

表 4-20 猫儿山居民生活资源生态足迹账户

项 目	游客人次消费量（kg）	全球平均产量（kg / 公顷）	土地类型	均衡后生态足迹(公顷)	均衡后人均生态足迹（公顷）
粮 食	61.98	2 744	耕 地	1 116.08	0.063 245
食 油	6.57	1 856	耕 地	174.92	0.009 912
鲜 菜	98.25	18 000	耕 地	269.70	0.015 283
猪 肉	11.48	74	草 地	1 368.84	0.077 568
牛羊肉	2.57	33	草 地	687.15	0.038 939
禽 类	4.33	457	草 地	83.59	0.004 737
鲜 奶	11.39	534	草 地	188.21	0.010 665
蛋 类	21.64	502	草 地	380.36	0.021 554
白 酒	1.17	1 871	耕 地	30.90	0.001 751
瓜果类	30.91	2 500	耕 地	109.09	0.006 182
水产品	14.07	29	水 域	1 712.35	0.097 034
燃 气	11.65	1 414	化石能源地	159.93	0.009 063
煤 炭	35.23	2 627	化石能源地	260.33	0.014 752
合 计				6541.45	0.370 685

2. 居民生态效率计算

根据调研资料，与景区密切联系的华江乡 2014 年经济总收入为 1 494.427 7 万元，依据公式(4-2)，可以计算出居民的农业生态效率为：

14 944 277 元 /6 541.45 公顷 =2 285 元 / 公顷

与猫儿山景区的旅游生态效率相比，旅游生态效率 26 694 元 / 公顷是居民生态效率 2 285 元 / 公顷的 11.68 倍。从成本与收益的角度来看，利用猫儿山生态资源发展旅游业的收益显然要高于发展农业。

（四）猫儿山景区对居民的生态补偿标准计算

根据对猫儿山景区旅游生态足迹与居民生态足迹的计算结果，进一步计算出猫儿山景区旅游生态效率与当地小区居民的农业生态效率，依据猫儿山景区旅游生态补偿标准计算的基本思路，对居民生态补偿的标准进行计算。

1. 生态补偿最低标准

根据《猫儿山自然保护区总体规划》中的相关数据，猫儿山景区位于猫儿山自然保护区的实验区内，面积 2 143 公顷。2014 年猫儿山景区附近华江乡居民的生态效率为 2 285 元 / 公顷，根据居民因土地利用变化所致的直接收益损失价值计算公式（4–4），华江乡居民的直接收益损失价值为：

2 285 元 / 公顷 ×2 143 公顷 =4 896 755 元

以此作为生态补偿的最低标准，华江乡居民 6 126 户，17 647 人，2014 年户均应补偿 799 元，人均应补偿 277 元。

2. 生态补偿最高标准

小区居民自发的生态保护行为在客观上促进了生态系统的服务功能，这些功能价值通过旅游业发展表现为游憩功能价值。鉴于现阶段猫儿山景区旅游业发展的实际，将游憩功能价值作为补偿的最高标准仅为理念要求，将其作为现实依据还有待实践检验求证。

2014 年猫儿山景区旅游生态效率为 26 694 元 / 公顷，景区面积为 2 143 公顷，根据土地游憩功能价值计算公式（4–5），土地的游憩功能价值为：

26 694 元 / 公顷 ×2 143 公顷 =57 205 242 元

以此作为生态补偿的最高标准，2014 年华江乡居民户均应补偿 9 338 元，人均应补偿 3 241 元。

3. 生态补偿合理标准

旅游业的发展是以挤占当地居民的生态足迹为前提，对当地的生态环境施加了影响；同时利用旅游生态足迹效率与居民生态足迹效益方面存在的差异，将二者之差值作为补偿的合理标准具有现实的可行性。

根据公式（4-6），K 取值为 1，居民的生态补偿价值量为：

（26 694 元 / 公顷 −2 285 元 / 公顷）×2 143 公顷 ×1=52 308 487 元

以此作为生态补偿的合理标准，2014 年华江乡居民户均应补偿 8 538 元，人均应补偿 2 964 元。

四、小结

关注猫儿山景区周边居民的利益要求对营造和谐的旅游环境至关重要，在国家级自然保护区内的猫儿山景区更加要有强烈的生态环境保护意识。因此，建立生态补偿机制，是猫儿山景区实现旅游业和环境可持续发展的重要途径。

第一，2014 年猫儿山景区旅游生态足迹为 3 371.53 公顷，人均旅游生态足迹为 0.006 743 1 公顷。将旅游人均生态足迹年度转化后的值为 2.461 231 5 公顷，是居民人均生态足迹的 6.6 倍。说明旅游业的发展挤占了居民大量的生态足迹，对猫儿山一带生态环境产生重要影响，在一定程度上使居民利用自然资源的权利被剥夺，相关利益受到损害。

第二，猫儿山景区旅游生态效率为 26 694 元 / 公顷，居民农业生态效率为 2 285 元 / 公顷，旅游生态效率是居民生态效率的 11.68 倍，二者之差为 24 409 元 / 公顷，可以看出，发展旅游业的成本收益明显高于农业生产。

第三，通过对猫儿山景区对居民的旅游生态补偿标准计算，2014年猫儿山景区居民人均应获得的最低补偿标准为 277 元，最高补偿标准为 3 241 元，合理补偿标准为 2 964 元。

第四，利用居民生态足迹与旅游生态足迹效率计算作为生态补偿标准的设定依据。以猫儿山景区周边华江乡 2014 年居民直接利益损失价值 4 896 755 元作为对居民补偿的最低标准，则户均应补偿 799 元，人均应补偿 277 元；以土地通过旅游业的发展转变而来的游憩功能价值 57 205 242 元作为对居民补偿的最高标准，户均应补偿 9 338 元，人均应补偿 3 241 元；以旅游生态足迹效率与居民生态足迹效率之差来确定对居民补偿的合理标准，则户均应补偿 8 538 元，人均应补偿 2 964 元。

第五，从华江乡居民旅游生态补偿标准对比可以看出，居民应获得的人均最高补偿标准是最低补偿标准的 11.7 倍。合理的补偿标准是最低标准的 10.7 倍。这一结果在一定程度上可以表明，猫儿山景区独特的自然资源与合理的生态旅游开发与保护，使土地附加的游憩功能价值得到较大提升，也表明猫儿山景区小区居民应该获得较高的旅游生态补偿金额。

第五章　基于灰色模型（GM）的漓江风景区旅游生态补偿实证研究

一、乡村旅游区生态补偿标准测算体系构建

（一）乡村旅游区受访者 WTP、WTA 要求调查

1. 调查方法的选择

对乡村旅游区生态补偿标准要求的调查，本书选用条件价值评估法。条件价值评估法（CVW）是生态环境服务价值评估法的一种，被普遍应用于评价环境资源的使用价值与非使用价值。它通过模拟市场情景，询问被调查者对改善环境的支付意愿（willingness to pay，WTP）或者因环境遭受破坏而愿意接受的赔偿意愿（willingness to accept，WTA），从而评价所调查的环境产品或服务的价值（张翼飞，2008）。条件价值评估法从人的消费与收益的意愿角度出发，强调人对某一环境物品的支付与受偿的主观意愿。对使用本方法调查乡村旅游区受访者 WTP 和 WTA 的科学性的研究将在后文进一步论证。

2. 调查方法的科学性论证

本节通过列举分析国内外现有的使用条件价值评估法的研究成果来对本书选择此研究方法的科学性进行论证。

条件价值评估法（CVW）诞生于 1963 年，由 Davis 提出，并首次

应用于研究林地宿营、狩猎的娱乐价值（Davis，1963）。之后CVW逐渐被应用于水资源评价、海洋和大气资源评价、自然资源的经济价值评价以及旅游区的生态旅游价值评价等方面（Anthony，Knxtilla，1972；Randall，Ives，1972）。1979年，条件价值评估法得到了美国水资源委员会（WRC）的认可，并被其推荐为评估休憩效益的优先方法之一（Lootnis，1999）。1986年，条件价值评估法成为美国内政部认定的测量自然资源和环境价值的基本方法（Mitchell，Carson，1985；Lootnis，Walsh，1997）。1992年为了使CVW研究结果更加可靠，Blue-Ribbon Panel提出了一些使用CVW评估自然资源的非使用价值或存在价值的指导原则（Array，1993；Bateman，1999）。至此，在美国政府部门的推动和鼓励下，CVW在美国环境物品经济价值评估中得到了广泛应用。到20世纪80年代，英、法等欧洲国家开始引入CVW进行科学研究。据统计，仅至1999年，经过20余年的研究，欧洲国家应用各类环境价值评估技术开展的环境价值评估研究案例已达650多例，其中CVW的应用占主要部分（张志强，2003）。这些案例的实施使条件价值评估法调查和统计方法日趋完善，也为后人应用CVW进行科学研究奠定了坚实基础。

随着CVW研究方法的不断发展，其应用范围也不断扩大。在欧美等发达国家，CVW已被广泛应用于评估水质改善、石油泄漏、湿地恢复、健康风险减少、自然区域保护等的价值（张志强等，2003）。例如，Loomis等（2000年）利用CVW评价恢复流域生态系统的总经济价值、Jorgensen等（2001年）对环境公共物品条件估值的公平性进行了研究。

我国有关CVW的研究进程可从历年发表的文献看出。在CNKI

中以关键词“条件价值法”“条件价值评估法”进行“模糊”搜索，将得到的文献数量按“发表年度”进行汇总得到图5-1。从中可以发现，我国有关CVW的研究最早开始于1996年。之后，从2002年开始有关研究的文献逐步增多，研究内容主要集中在对自然与人文资源以及流域、农业、湿地、森林、生物、大气、自然保护区等生态系统的经济价值、美学价值、游憩价值、服务价值等的评估，此外还有对条件价值评估法的科学性、影响因素等的探讨（张志强等，2004；唐建等，2013；钱益春，杨永昶，2015）。例如，2004年张志强分别利用离散型和连续型条件价值评估法对黑河流域张掖市的生态系统服务恢复价值进行了评估；2009年赵菊勤对条件价值评估法的有效性和可靠性进行了深入探讨，提出了一些使研究结果更加可靠的CVW使用原则；2015年钱益春等通过采用非参数估计的方法分析CVW的调查结果评价了赛罕乌拉自然保护区的游憩价值。国内学者使用CVW的范围越来越广泛，技术也越来越成熟，已取得很多成果，也得到了学界和政府的普遍认可。

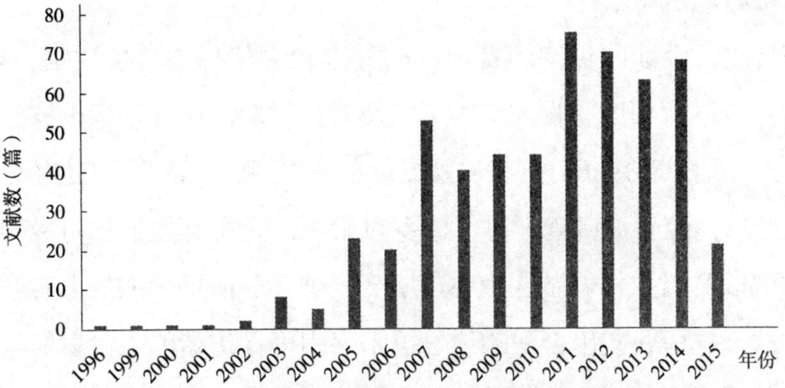

图5-1　我国历年有关CVW研究的文献数量

由上文对国内外研究案例及研究进展的举例分析可见，条件价值评估法作为一种对环境等具有无形效益的公共物品进行价值评估的重要方法，已得到政府和学界的广泛认同，可用于本书对乡村旅游区受访者就乡村旅游区生态补偿的最大支付意愿和最小受偿意愿的调查，具有科学性和可操作性（张志强等，2003）。

3. 调查方法的具体操作

（1）设计调查问卷。条件价值评估法（CVW）的优点在于适用范围广、灵活性强、能够有效评估具有无形效益的公共物品的价值。然而在调查受访者最大支付意愿（WTP）、最小受偿意愿（WTA）过程中，受人为因素的影响将产生偏差。为了使调查结果更真实、更可信，调查问卷的设计、选项的设置将至关重要。

参考已有的研究流域生态补偿标准的调查，本次研究的问卷设计主要包括三部分内容。

首先，概述被评估乡村旅游区的情况，向被调查者介绍与研究内容相关的背景信息，让受访者了解调查的目的及此次研究的意义，并向受访者表达谢意。

其次，设计题目询问受访者的基本社会信息（包括性别、年龄、职业、受教育程度、收入水平）以及对乡村旅游区环境保护的重视程度，这些信息将用于分析和校验支付意愿与受偿意愿的调查结果。

最后，询问被调查者对保护乡村旅游区生态环境的支付意愿、支付方式以及当乡村旅游区生态环境受到破坏时所期望的受偿意愿和受偿方式。这里，使用合适的引导技术来引导受访者的支付意愿与受偿意愿将严重影响最终的统计分析结果。因此，本书在认真分析前人研究的基础上选择支付卡引导技术来引导被调查者的最大 WTP 和最小

WTA。此外，为了避免“支付与受偿方式”偏差，也对受访者支付意愿的支付方式以及受偿意愿的补偿方式进行了详细描述。其中，支付方式主要包括直接支付、生态税、捐款、提高门票费用和义务劳动等方式，补偿方式主要包括现金补偿、技术支持和降低税费等方式。

调查问卷设计初步完成之后还会通过预调查等手段不断对调查问卷进行修改和完善，使调查问卷能够大部分被调查者所理解，不断提高调查资料的可用性以及本次研究的科学性。

（2）发放调查问卷。根据 1992 年由 Blue-Ribbon Panel 提出的使用 CVW 评估自然资源的非使用价值或存在价值的指导原则，即为使 CVW 的研究结果尽可能可靠，CVW 调查的实施应采用面对面（或电话）调查方式，而不采用邮寄问卷的方式。基于此，为了充分了解受访者的背景信息，为了使受访者更加了解此次调研的目的，也为了进一步调研的准确性，本次研究的调研将主要采用面对面调查的方式发放调查问卷。

（3）处理调查数据。选择合适的统计分析方法处理分析调查问卷中的数据是有效利用条件价值评估法的重要环节。基于本书的研究对象及系统方法，对受访者 WTP 和 WTA 的预测评估将通过在后面章节中构建灰色预测模型获得，因此本节对调查问卷数据的处理主要包括两部分内容，即对调查问卷有效性的判别以及对基本资料的统计分析。

首先，对调查问卷有效性的判别，即要选出有效资料，为后面的统计分析工作做准备。这部分的主要工作在于判别有效问卷和无效问卷。本书将根据传统做法将没有填写答案或者关键项目没有答案的调查问卷认定为无效问卷，在进行资料分析时将被剔除。此外，还会主观剔除一些因反感或厌恶而做的无效问卷，以尽可能减少人为因素对统计结果的影响。

其次，对基本资料的统计分析。初步计划对受访者的社会经济特征变量的频数、频率、平均值、标准偏差、方差等进行统计分析。

最后，最重要的是分析受访者的支付意愿、受偿意愿的累积频率分布、分布规律描述等信息。

（二）乡村旅游区受访者 WTP 和 WTA 预测模型构建

由于调查问卷的统计资料容易受到随机因素的影响，为了获得更加精确、更符合实际情况的 WTP 和 WTA，通常会通过构建模型来增加数据的准确性。又因通过条件价值法得到的数据一般不符合正态分布（邓聚龙，2004），所以需要找到合适的分析无序变量的研究方法。本书选择灰色系统理论对调查问卷的信息进行分析与研究来克服多元回归分析依赖较多样本数据的困难。

1. 灰色 GM(1，1)模型基本原理

灰色系统理论是由我国学者邓聚龙教授在 1982 年创立的一种用于研究数据少、信息贫乏的不确定问题的新方法。它以“部分信息已知，部分信息未知”的“小样本”“贫信息”不确定性系统为研究对象，主要通过对部分已知信息的生成、开发提取有价值的信息，实现对系统运行规律的正确描述和有效控制（刘思峰等，2004；陈美英等，2009）。灰色预测模型是灰色系统理论的主要内容之一，通过对原始数据序列进行累加生成能够把数据序列不明显的变化趋势变为明显的增长趋势，从而挖掘数据序列的规律，然后建立模型，最后通过累减还原进行数据模拟和预测（林娇，2014）。

G 表示 grey(灰)，M 表示 model(模型)，前一个“1”表示一阶，

后一个"1"表示一个变量，GM(1，1)则是一阶一个变量的灰微分方程模型（刘思峰等，2004）。这里我们研究漓江流域乡村旅游区受访者支付意愿与支付等级之间的关系显然合适。

2. 灰色 GM(1，1) 建立流程

分别将要求调查中所得的受访者 WTP、WTA 的频率作为灰色预测模型的原始数据来构建乡村旅游区受访者 WTP、WTA 的预测模型，具体流程如图 5-2 所示。

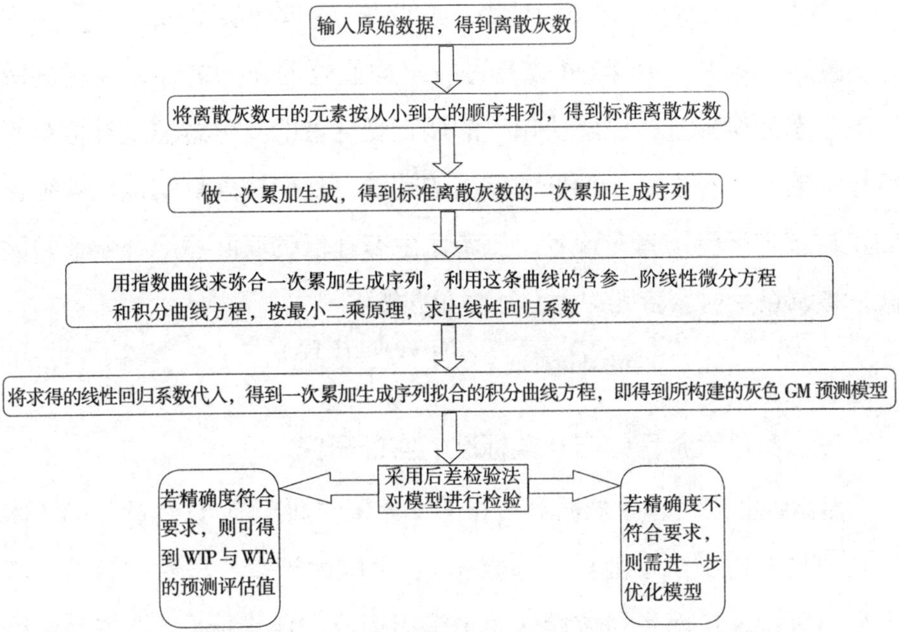

图 5-2　乡村旅游区受访者 WTP、WTA 的预测模型构建流程

（三）乡村旅游区生态补偿标准确定

根据灰色预测模型所得的受访者 WTP 和 WTA 的预测频率分布，可通过离散变量的数学期望公式得到受访者 WTP 和 WTA 的数学平均值：

$$E(\mathrm{WTP})_{\text{正}} = \sum_{i=1}^{n} A_i P_i \quad (5-1)$$

$$E(\mathrm{WTA})_{\text{正}} = \sum_{i=1}^{n} A_i P_i \quad (5-2)$$

式中，A 为投标值；P 为受访者选择该数额的预测频率；n 为投标数。

同时，考虑到调查数据中有效零值的影响，可利用调整过的 Spike 模型（Kritrom，1991），计算整个样本的平均 WTP 和 WTA：

$$E(\mathrm{ETP})=E(\mathrm{WTP})_{\text{正}} \times (1-\mathrm{WTP}R_{\text{零}}) \quad (5-3)$$

$$E(\mathrm{ETA})=E(\mathrm{WTA})_{\text{正}} \times (1-\mathrm{WTA}R_{\text{零}}) \quad (5-4)$$

式中，WTP$R_{\text{零}}$为零支付比率；WTA$R_{\text{零}}$为零补偿比率。

最后，将 $E(ETP)$ 和 $E(ETA)$ 进行平均值处理作为被评估乡村旅游区的生态补偿标准，以解决单一的调查受访者的支付意愿或补偿意愿所造成的生态补偿标准偏低或偏高的问题，从而较为真实地反映被评估乡村旅游区受访者对该乡村旅游区生态补偿的实际意愿补偿值。因此，被调查乡村旅游区的生态补偿标准如下：

$$\text{生态补偿标准} = \frac{E(\mathrm{ETP})+E(\mathrm{ETA})}{2} \quad (5-5)$$

二、乡村旅游区生态补偿标准的实证研究

根据农业部、国家旅游局公布的《休闲农业示范点评选标准》《休闲农业与乡村旅游示范县评选标准》、全国休闲农业与乡村旅游示范点名录以及《广西乡村旅游区质量等级划分与评定标准》、广西星级乡村旅游区名录等将漓江流域的乡村旅游区按照发展程度分为起步型、发展型、成熟型三种类型。在此基础上，本书选择漓江流域的会仙湿地旅游区、灵川县画眉弄乡村旅游区、阳朔县郎梓古民居旅游区这三个起步型乡村旅游区，灵川县大圩镇毛洲岛景区、桂林草坪旅游休闲主题小镇、阳朔十里画廊旅游区这三个发展型乡村旅游区，桂林市秀

峰区鲁家村桃花湾生态旅游休闲区、阳朔县百里新村休闲农业示范区、桂林世外桃源旅游区这三个成熟型乡村旅游区作为研究对象，展开实证研究，从而对比分析并确定不同发展阶段的乡村旅游区的生态补偿标准，也进一步提高本次研究所得结论的真实性、可靠性和精确度。

（一）研究区域概况

研究区域概况如表 5-1 所示。

表 5-1　研究区域概况

研究对象		区域概况
起步型	会仙湿地旅游区	位于桂林市临桂县会仙镇，是中国最大的岩溶湿地之一，被誉为“桂林之肾”
	灵川县画眉弄乡村旅游区	位于桂林市灵川县海洋乡小平乐村，距桂林市区 60 千米，兴（安）阳（阳朔）公路沿线，致力打造“春赏桃花、夏品桃李、秋观银杏、冬看雪景”的四季乡村休闲旅游区
	阳朔县郎梓古民居旅游区	位于桂林市阳朔县朗梓村，是一个大型古民居群，始建于清末，民居保存完好，整个建筑群结构严密、布局精巧，处处雕梁画栋，十分精美
发展型	灵川县大圩镇毛洲岛景区	位于漓江中游，距桂林市区 20 多千米，为百里漓江第一大岛，与中国历史文化名镇——灵川县大圩镇隔江相望
	桂林草坪旅游休闲主题小镇	位于桂林市雁山区草坪回族乡，是一个融合徽派建筑与桂北民居特色的岭南小镇，旨在打造成全年有瓜果、四季有花香的休闲观光农业示范区
	阳朔十里画廊旅游区	位于桂林市阳朔县，茂林修竹，绿野烟村，一派田园风光，是阳朔自助游必去之地
成熟型	桂林市秀峰区鲁家村桃花湾生态旅游休闲区	位于桃花江西岸芦笛景区以南，是五星级广西乡村旅游区，广西区内外多家旅行社推荐的特色乡村旅游行程的重点线路

续表

研究对象		区域概况
成熟型	阳朔县百里新村休闲农业示范区	位于阳朔县百里新村公路沿线，是“全国休闲农业与乡村旅游示范点”
	桂林世外桃源旅游区	位于桂林市阳朔县，距市区 44 千米，是国家首批 AAAA 级景区、全国首批农业旅游示范点和世界旅游组织的推荐旅游地

（二）研究区域受访者 WTP 和 WTA 要求调查

为了解研究区域乡村旅游区利益相关者的 WTP 和 WTA，笔者于 2015 年 8 月至 10 月在 9 个实证研究对象所在区域进行了实地问卷调查，调查对象为当地居民、景区从业人员以及此期间到访的游客。调查共发放问卷 650 份（起步型旅游区 200 份、发展型旅游区 225 份、成熟型旅游区 225 份），收回有效问卷 594 份（起步型旅游区 182 份、发展型旅游区 207 份、成熟型旅游区 205 份），有效率 91.38%。排除调研的社会宏观影响因素，本调查结果客观真实。

1. 调查样本的基本社会经济信息统计

调查样本的基本社会经济信息如表 5-2 所示。

表 5-2　调查样本的基本社会经济信息统计

项　目	调查内容	人　数（个）	占总人数比率（%）
性　别	男	301	50.67
	女	293	49.33
年　龄	18 岁以下	41	6.90
	18 ~ 25 岁	177	29.80

续表

项　目	调查内容	人　数（个）	占总人数比率（%）
年　龄	26 ~ 35 岁	185	31.14
	36 ~ 45 岁	82	13.81
	46 ~ 60 岁	67	11.28
	60 岁及以上	42	7.07
受教育程度	小学及以下	62	10.43
	初　中	97	16.33
	高　中	141	23.74
	大　学	261	43.94
	研究生及以上	33	5.56
职　业	学　生	145	24.41
	农　民	81	13.64
	普通工人	51	8.58
	企业人员	187	31.48
	个体工商户	50	8.42
	机关事业单位人员	34	5.72
	军　人	3	0.51
	退休人员	10	1.68
	其　他	33	5.56
个人月收入	1 500 元及以下	187	31.48
	1 500 ~ 3 000	237	39.90
	3 000 ~ 4 500	102	17.17
	4 500 ~ 7 000	40	6.74
	7 000 以上	28	4.71

从表 5-2 可以看出，被调查者有如下特征：

（1）性别。男女比例均匀，分别占总调查人数的 50.67%、49.33%。

（2）年龄。主要分布在 18 ~ 35 岁，占总调查人数的 60.94%。

（3）受教育程度。超过 70% 为高中以上，其中大学最多，高中次之。

（4）职业。主要是企业人员和学生，分别为 187 人和 145 人，共占总调查人数的 55.89%。

（5）个人月收入。集中在 3 000 以下，占总调查人数的 71.38%。

2. 调查样本的 WTP 和 WTA 统计

（1）起步型乡村旅游区受访者 WTP 和 WTA 统计。经调查发现，起步型乡村旅游区受访者对环境的重视程度普遍较高，但仍有 18.1% 的人不愿为保护当地生态环境支付一定的费用，其中 6.1% 的人认为平时已经上交了各种税费，保护生态环境是国家和政府的责任，不应该再由普通居民承担费用；1.1% 的人认为现在旅游区环境很好，不需要保护；7.1% 的人现在没有能力支付这些费用；1.1% 的人认为自己不能从中获得好处而不愿支付；另外还有 2.7% 的人因为觉得经费不能合理应用等其他原因，不愿支付这些费用。

同时，有 17.6% 的人不接受旅游区生态环境遭到破坏所给予的补偿，他们这样选择的主要原因在于觉得没必要获得补偿或是更期望保护好环境从而获得长足利益。具体如表 5-3、图 5-3、图 5-4 所示。

表 5-3　起步型乡村旅游区受访者支付意愿（WTP）和受偿意愿（WTA）统计

金额（元/月）	WTP		WTA	
	样本量（个）	百分比（%）	样本量（个）	百分比（%）
0	33	18.13	32	17.58
5	24	13.19	6	3.30
10	23	12.64	10	5.49
15	11	6.04	10	5.49
20	11	6.04	13	7.14
30	13	7.14	15	8.24
50	15	8.24	29	15.93
100	29	15.94	24	13.19
150	10	5.49	22	12.09
200	7	3.85	10	5.49
500	4	2.20	7	3.86
大于 500	2	1.10	4	2.20

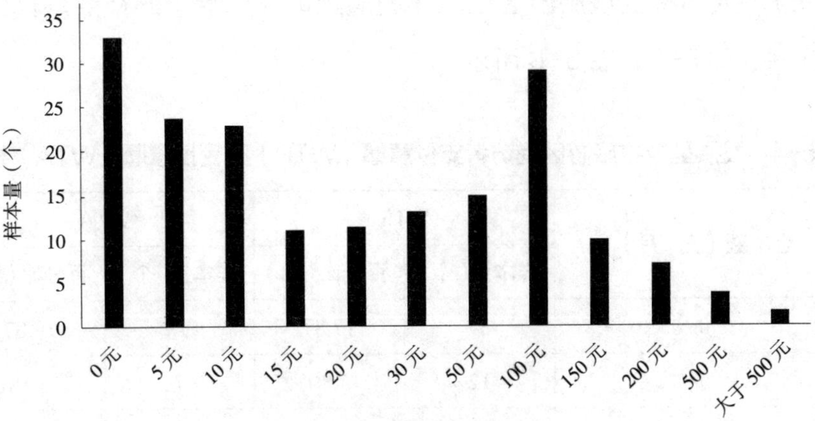

图 5-3　起步型乡村旅游区受访者 WTP 分布规律

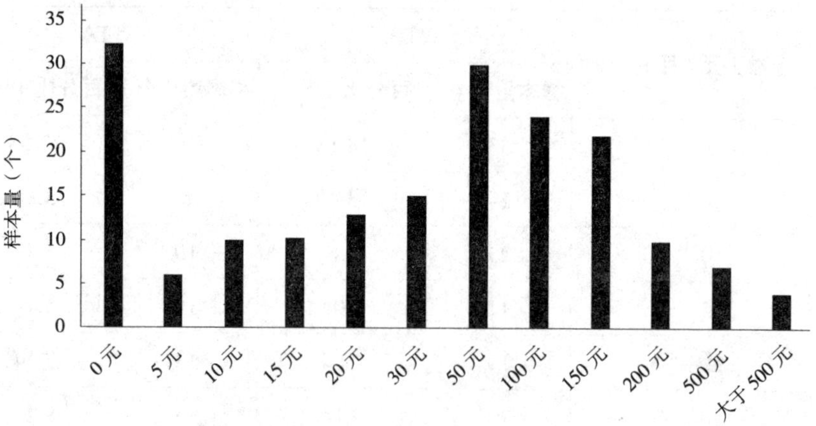

图 5-4　起步型乡村旅游区受访者 WTA 分布规律

（2）发展型乡村旅游区受访者 WTP 和 WTA 统计。同样，发展型乡村旅游区受访者对环境的重视程度也普遍较高，但仍有 17.9% 的人不愿为保护当地生态环境支付一定的费用，其中 8.2% 的人认为这些费用不应该由普通居民承担；0.5% 的人认为当地环境很好，不需要保护；4.8% 的人没有能力支付；0.6% 的人觉得自己不能从中获得好处而不愿支付；另外还有 3.8% 的人因为其他原因不愿支付。同时，有 17.9% 的人不接受该旅游区生态环境遭到破坏所给予的补偿。具体如表 5-4、图 5-5、图 5-6 所示。

表 5-4　发展型乡村旅游区受访者支付意愿（WTP）和受偿意愿（WTA）统计

金　额（元 / 月）	WTP		WTA	
	样本量（个）	百分比（%）	样本量（个）	百分比（%）
0	37	17.87	37	17.87
5	12	5.80	7	3.38
10	15	7.25	14	6.76

续表

金 额（元/月）	WTP		WTA	
	样本量（个）	百分比（%）	样本量（个）	百分比（%）
15	11	5.31	11	5.31
20	27	13.04	11	5.31
30	5	2.42	4	1.93
50	25	12.08	11	5.31
100	33	15.94	25	12.08
150	5	2.42	16	7.73
200	17	8.21	33	15.94
500	12	5.80	27	13.04
大于 500	8	3.86	11	5.31

（3）成熟型乡村旅游区受访者 WTP 和 WTA 统计。成熟型乡村旅游区的受访者有 17.6% 的人不愿为保护当地生态环境支付一定的费用，其中 11.2% 的人认为这些费用不应该由普通居民承担；且与之前两个阶段相比，没有人选择因旅游区生态环境很好，不需要保护而不愿支付这些费用；2.9% 的人没有能力支付；1.1% 的人觉得自己不能从中获得好处而不愿支付；另外还有 2.4% 的人因为其他原因不愿支付。同时，也有 17.6% 的人不接受该旅游区生态环境遭到破坏所给予的补偿。具体如图 5-7、图 5-8、表 5-5 所示。

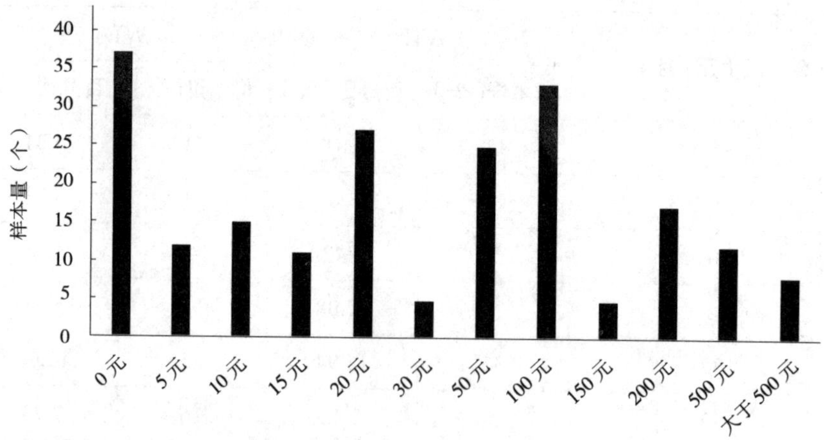

图 5-5　发展型乡村旅游区受访者 WTP 分布规律

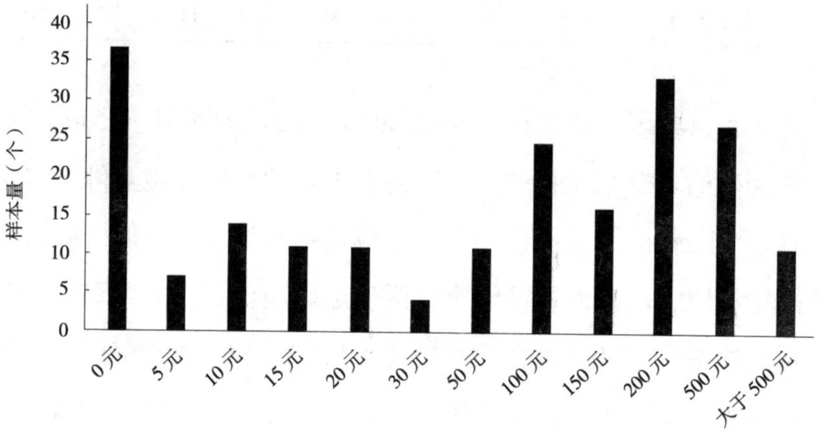

图 5-6　发展型乡村旅游区受访者 WTA 分布规律

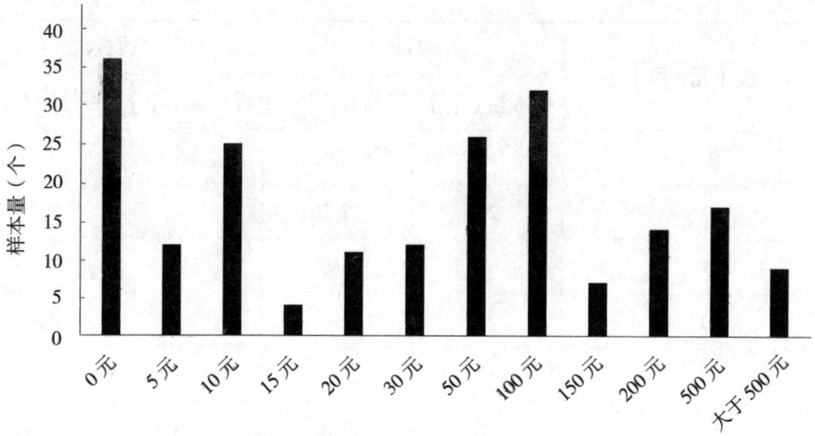

图 5-7　成熟型乡村旅游区受访者 WTP 分布规律

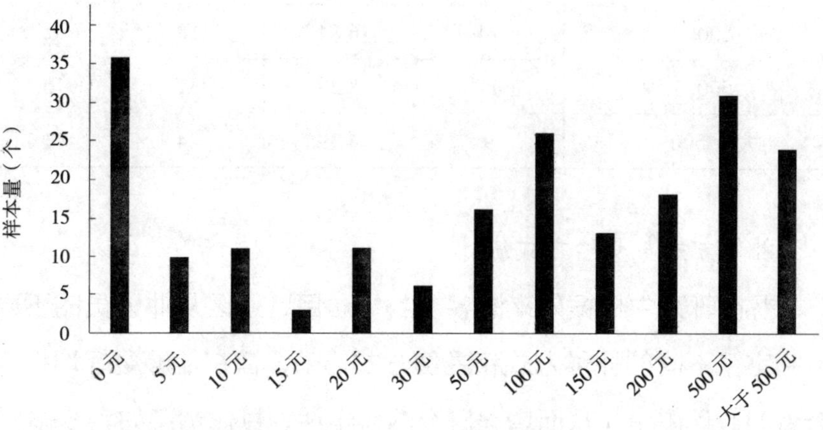

图 5-8　成熟型乡村旅游区受访者 WTA 分布规律

表 5-5　成熟型乡村旅游区受访者支付意愿（WTP）和受偿意愿（WTA）统计

金　额（元/月）	WTP		WTA	
	样本量（个）	百分比（%）	样本量（个）	百分比（%）
0	36	17.56	36	17.56

续表

金　额（元/月）	WTP		WTA	
	样本量（个）	百分比（%）	样本量（个）	百分比（%）
5	12	5.85	10	4.88
10	25	12.20	11	5.37
15	4	1.95	3	1.46
20	11	5.37	11	5.37
30	12	5.85	6	2.93
50	26	12.68	16	7.80
100	32	15.61	26	12.68
150	7	3.41	13	6.34
200	14	6.84	18	8.78
500	17	8.29	31	15.12
大于 500	9	4.39	24	11.71

3. 补偿方式与受偿方式统计

本书在研究中根据外来游客、当地居民、景区从业人员的不同特点，制定了不同的补偿方式和受偿方式选项，旨在能够更好地拟合被调查者的心理需求，从而增强研究的科学性。具体情况如表 5-6 ～表 5-8 所示。

表 5-6　外来游客补偿方式与受偿方式数据统计

项　目	选　项	样本量（个）	百分比（%）
补偿方式	直接支付	36	18.46
	捐　款	62	31.79

续表

项 目	选 项	样本量（个）	百分比（%）
补偿方式	在票价、住宿等旅游消费中适当加收生态税	93	47.69
	其 他	4	2.05
受偿方式	现金补偿	44	22.92
	降低票价、住宿等当地旅游消费	118	61.46
	获得纪念品	30	15.63

表 5-7 当地居民补偿方式与受偿方式数据统计

项 目	选 项	样本量（个）	百分比（%）
补偿方式	直接支付	44	26.83
	生态税	24	14.63
	捐 款	40	24.39
	义务劳动	56	34.15
受偿方式	现金补偿	103	61.31
	税收政策支持	19	11.31
	贷款政策支持	13	7.74
	土地政策支持	33	19.64

表 5-8 景区从业人员补偿方式与受偿方式数据统计

项 目	选 项	样本量（个）	百分比（%）
补偿方式	直接支付	20	15.50
	生态税	43	33.33
	捐 款	14	10.85
	义务劳动	52	40.32

续表

项　目	选　项	样本量（个）	百分比（%）
受偿方式	现金补偿	56	43.41
	技术支持	22	17.06
受偿方式	政策支持（如税收、贷款、土地等）	51	39.53

由上表可以发现，受访者在补偿方式和受偿方式的选择方面表现出以下特点：

（1）补偿方式。外来游客多倾向于在门票、住宿等旅游消费中适当加收生态税或以捐款的形式支付生态补偿费用，分别占有支付意愿的受访游客人数的 47.69% 和 31.79%；当地居民则多选择义务劳动和直接支付两种形式，分别占有支付意愿的当地受访居民人数的 34.15% 和 26.83%；景区从业人员的选择则集中在义务劳动和生态税两种形式上，分别占有支付意愿的受访景区从业人员人数的 40.32% 和 33.33%。

（2）受偿方式。外来游客多希望以降低票价、住宿费用等当地旅游消费来获得补偿，占希望得到补偿的受访游客人数的 61.46%；当地居民则倾向于获得现金补偿，占希望得到补偿的当地受访居民人数的 61.31%；而景区从业人员多选择现金补偿和政策支持，分别占希望得到补偿的受访景区从业人员人数的 43.41%、39.53%。

（三）研究区域受访者 WTP 和 WTA 预测评估

以表 5-3 中起步型乡村旅游区受访者不同 WTP 的频率为例作模型预测的原始数据，得到离散灰数：

X=（0.181，0.132，0.126，0.060，0.060，0.071，0.082，0.159，0.055，0.038，0.022，0.011）

将其按从小到大的顺序排列，得到标准离散灰数：

$X^{(0)}$=（0.011，0.022，0.038，0.055，0.060，0.060，0.071，0.082，0.126，0.132，0.159，0.181）

对应的 WTP 等级依次为大于 500，500，200，150，15，20，30，50，10，5，100，0。因样本中大于 500 元的两个具体数值分别为 1 000 元和 1 500 元，因此这里将其平均值 1 250 作为其在灰色预测模型中的 WTP 大于 500 的等级数据，即将 $X^{(0)}$ 对应的 WTP 的等级数据记为 1 250，500，200，150，15，20，30，50，10，5，100，0。

对原始资料序列做一次累加生成，即令 $X^{(1)}(k)=\sum_{i=1}^{k}X^{(0)}(i)$，（$k$=1，2，…，$n$）得到标准离散灰数的一次累加生成序列：

$X^{(1)}$=（0.011，0.033，0.071，0.126，0.187，0.247，0.319，0.401，0.527，0.659，0.819，1）

由一次累加生成序列 $X^{(1)}$ 建立灰色模型，得对应的白化微分方程：

$$\frac{\mathrm{d}X^{(1)}}{\mathrm{d}K}+a\frac{\mathrm{d}X^{(1)}}{\mathrm{d}K}=u \tag{5-6}$$

式中，a 为发展系数；u 为灰色作用量，两者都是待确定的未知参数。在这里，将微分方程的近似导数 $\frac{\mathrm{d}X^{(1)}}{\mathrm{d}K}$ 用差商近似表示，可得 $\frac{\mathrm{d}X^{(1)}}{\mathrm{d}K}\approx x^{(1)}(k+1)-x^{(1)}(k)$。又因，在一次累加生成中 $X^{(1)}(k+1)-X^{(1)}(k)=X^{(0)}(k+1)$，所以当 K=k+1 时，有 $\frac{\mathrm{d}X^{(1)}}{\mathrm{d}K}\approx X^{(0)}(K)$。综上，可得由 $X^{(1)}$ 建立的灰色模型所对应的灰微分方程为

$$X^{(0)}(K)+aX^{(1)}(K)=u\ (K=2,\ 3,\ \cdots) \tag{5-7}$$

再按最小二乘原理，得参数 a、u 满足：

$$\begin{pmatrix}a\\u\end{pmatrix}=\left(B^T\cdot B\right)^{-1}\cdot B^T\cdot Y$$

其中，$B=\begin{bmatrix}-X^{(1)}(2) & 1\\ -X^{(1)}(3) & 1\\ \vdots & \vdots\\ -X^{(1)}(n) & 1\end{bmatrix}$，$X^{(1)}(k)=\frac{1}{2}\ [X^{(1)}(k)+X^{(1)}(k-1)]$，$Y=(X^{(0)}(2),\ X^{(0)}(3),\ \cdots,\ X^{(0)}(n))^T$

将 $X^{(1)}$=（0.011，0.033，0.071，0.126，0.187，0.247，0.319，0.401，0.527，0.659，0.819，1），$X^{(0)}$=（0.011，0.022，0.038，0.055，0.060，0.060，0.071，0.082，0.126，0.132，0.159，0.181）中数据代入进行计算可得

$$B=\begin{pmatrix}-0.022 & 1\\-0.052 & 1\\-0.099 & 1\\-0.157 & 1\\-0.217 & 1\\-0.283 & 1\\-0.360 & 1\\-0.464 & 1\\-0.593 & 1\\-0.739 & 1\\-0.909 & 1\end{pmatrix},\quad Y=\begin{pmatrix}0.022\\0.038\\0.055\\0.060\\0.060\\0.071\\0.082\\0.126\\0.132\\0.159\\0.181\end{pmatrix}$$

$$B^T\cdot B=\begin{pmatrix}2.235 & -3.896\\-3.896 & 11\end{pmatrix}\quad \left(B^T\cdot B\right)^{-1}=\begin{pmatrix}1.169 & 0.414\\0.414 & 0.238\end{pmatrix}$$

得

$$\begin{pmatrix}a\\u\end{pmatrix}=\left(B^T\cdot B\right)^{-1}\cdot B^T\cdot B=\begin{pmatrix}-0.175\\0.027\,9\end{pmatrix}$$

得 a=−0.175，u=0.027 9。将其代入积分曲线：

$$\hat{X}^{(1)}(k)=X^{(0)}(1)-\frac{\hat{u}}{\hat{a}}e^{-\hat{a}(k-1)}+\frac{\hat{u}}{\hat{a}}，(k=2，3，\cdots，n) \qquad (5-8)$$

得

$X^{(1)}(k)$=0.170 6* $e^{0.175k}$ −0.159 6

则有

$\hat{X}^{(1)}$ =（0.011，0.044，0.082，0.129，0.184，0.250，0.328，0.421，0.532，0.665，0.822，1.010）

即

$\hat{X}^{(0)}$ =（0.011，0.032，0.039，0.046，0.055，0.066，0.078，0.093，0.111，0.132，0.158，0.188）

同样的方法计算起步型乡村旅游区受访者 WTA 的预测模型，得

$\hat{X}_2^{(1)}$ =(0.022，0.054，0.092，0.138，0.192，0.256，0.332，0.423，0.531，0.658，0.810，0.991)

$\hat{X}_2^{(0)}$ =（0.022，0.032，0.038，0.045，0.054，0.064，0.076，0.091，0.108，0.128，0.152，0.180）

对应的 WTA 等级依次为大于 500，5，500，200，10，15，20，30，150，100，50，0。因样本中大于 500 元的四个具体数值分别为 1 000 元、1 000 元、1 500 元和 2 000 元，因此这里将其平均值 1 375 作为其在灰色预测模型中的 WTP 大于 500 的等级数据，即将 $\hat{X}_2^{(0)}$ 对应的 WTA 的等级数据记为 1 375，5，500，200，10，15，20，30，150，100，50，0。

重复上述计算过程，可得

（1）发展型乡村旅游区受访者 WTP 的预测概率为

$\hat{X}_3^{(0)}$ =（0.024，0.032，0.038，0.045，0.054，0.064，0.077，0.091，0.109，0.130，0.155，0.185）

对应的 WTP 等级依次为 30，150，1 375，15，5，500，10，200，50，20，100，0。

（2）发展型乡村旅游区受访者 WTA 的预测概率为

$\hat{X}_4^{(0)}$ =(0.019，0.032，0.038，0.045，0.053，0.063，0.075，0.089，0.105，0.125，0.148，0.176)

对应的 WTA 等级依次为 30，5，15，2 091，20，50，10，150，100，500，200，0。

（3）成熟型乡村旅游区受访者 WTP 的预测概率为

$\hat{X}_5^{(0)}$ =（0.020，0.033，0.039，0.047，0.055，0.065，0.077，0.091，0.107，0.126，0.149，0.176）

对应的 WTP 等级依次为 15，150，1 612，20，30，5，200，500，10，50，100，0。

（4）成熟型乡村旅游区受访者 WTA 的预测概率为

$\hat{X}_6^{(0)}$ =(0.015，0.035，0.041，0.048，0.057，0.067，0.079，0.092，0.108，0.127，0.150，0.176)

对应的 WTA 等级依次为 15，30，5，20，10，150，50，200，3 167，100，500，0。

（四）WTP 和 WTA 灰色预测模型检验

本节采用后差检验法对上文所建立的灰色预测模型进行检验（以起步型乡村旅游区的模型预测数据为例）。

（1）通过模型预测所得的数据为

$\hat{X}^{(0)}$ =（0.011，0.032，0.039，0.046，0.055，0.066，0.078，0.093，0.111，0.132，0.158，0.188）

$\hat{X}_2^{(0)}$ =（0.022，0.032，0.038，0.045，0.054，0.064，0.076，0.091，0.108，0.128，0.152，0.180）

而调查得到的资料为

$X^{(0)}$ =（0.011，0.022，0.038，0.055，0.060，0.060，0.071，0.082，0.126，0.132，0.159，0.181）

$X_2^{(0)}$ =(0.022，0.033，0.038，0.045，0.054，0.064，0.076，0.091，0.108，0.128，0.152，0.180)

（2）计算残差为

绝对误差 $Q(k)$= 实际值 − 模型值

$Q(k)$=(0，−0.010 7，−0.000 4，0.008 6，0.005 3，−0.005 3，−0.006 8，−0.010 8，0.015 3，−0.000 4，0.001 7，−0.006 4)

$Q_2(k)$=(0，0.000 8，0.000 2，0.009 5，0.000 9，−0.009 2，−0.004 8，−0.008 2，0.013 3，0.004，0.007 4，−0.004 7)

设 S_1 为原始数据标准偏差，S_2 为残差标准偏差，计算得

S_1=0.052 12，S_2=0.007 52；S_1' =0.049 14，S_2' =0.006 63

得参数 $C_1=\dfrac{S_2}{S_1}$ =0.144<0.35，$C_2=\dfrac{S_2'}{S_1'}$ =0.135<0.35。

同样地对发展型和成熟型乡村旅游区的 WTP 和 WTA 的模型预测数据进行检验，可得 C_3=0.126，C_4 =0.176，C_5=0.136，C_6 =0.093，都小于 0.35，预测精确度在优秀范围内，因此本书模型优秀，具有较高的预测精确度。

（五）研究区域乡村旅游区生态补偿标准测算

根据上文建立的灰色预测模型得到起步型乡村旅游区受访者 WTP 和 WTA 的预测概率分布，分别将其代入式（5-1）～式（5-5），可得起步型乡村旅游区生态补偿标准为

$$E(\text{WTP})_{\text{正}}=\sum_{i=1}^{n}A_iP_i=71.45\text{（元）}$$

$$E(\text{WTA})_{\text{正}}=\sum_{i=1}^{n}A_iP_i=104.39\text{（元）}$$

$$E(\text{ETP})=E(\text{WTP})_{\text{正}}\times（1-\text{WTPR}_{\text{零}}）=58.04\text{（元）}$$

$$E(\text{ETA})=E(\text{WTA})_{\text{正}}\times（1-\text{WTAR}_{\text{零}}）=85.55\text{（元）}$$

$$\text{生态补偿标准}=\frac{E(\text{ETP})+E(\text{ETA})}{2}=71.79\text{（元）}$$

因此，起步型乡村旅游区的生态补偿标准为每人 71.79 元 / 每年。

运用同样的计算方法，可得发展型乡村旅游区的生态补偿标准为每人 143.15 元 / 年；成熟型乡村旅游区的生态补偿标准为每人 256.02 元 / 年。

三、WTP 与 WTA 的影响因素分析

为检测受访者最大支付意愿（WTP）、最小受偿意愿（WTA）的影响因素，本书采用熵权法对无序变量进行分析，确定各个影响因素的权重，也进一步论证上文的研究结论，为文章所提出的乡村旅游区生态补偿标准核算体系提供更深层次的证明。

（一）熵权法理论基础

熵原是热力学中的概念，由申农引入信息论，目前已在工程技术、社会经济等领域得到广泛应用（林娇，2014）。熵权法是在综合考虑所提供信息量的基础上，计算一个综合指标的数学方法。它主要根据各指标传递给决策者的信息量大小来确定其权数，是一种常用的多指标定量化评价方法（贾艳红，2007）。

熵权法计算指标权重的过程可简单归纳如下：

（1）消除数据量纲影响。为了消除各指针数据量纲、数量级的影响，需对其进行无量纲化处理。具体方法有极值处理法、均值化处理法等。

（2）计算指标权重。第 j 项指标在第 i 年的值 Y_{ij} 在所有统计年份中的比重 $R_{ij}=\dfrac{Y_{ij}}{\sum_{i=1}^{m}Y_{ij}}$。

（3）计算指标熵值。第 j 项指标的熵值 $E_j=-k\times\sum_{i=1}^{m}R_{ij}\times\ln R_{ij}$。其中，$k=\dfrac{1}{\ln m}$，$m$ 是统计年份。

（4）计算指标差异性系数。对于给定指标，其差异性系数越小，则该项指标越不重要；反之，差异性系数越大，该指标就越重要。差异性系数 $G_j=1-E_j$。

（5）计算指标权重。第 j 项指标的权重 $A_j=\dfrac{G_j}{\sum G_j}$。

（二）熵权法权重计算

将所要评价的因素进行分层，第一层是目标层，被调查者的补偿意愿（WTP）和受偿意愿（WTA）；第二层是要素层，包括被调查者的性别、年龄、职业、受教育程度、个人月收入以及乡村旅游区的发展阶段这 6 个要素；第三层是指标层，包括 6 个要素的不同选择项。下面以目标层为 WTP 的个人月收入要素层的指标为例，说明熵权法计算指标权重的计算过程。

个人月收入要素的五项指标原始资料如表 5-9 所示。

表 5-9　个人收入各项指标资料

个人月收入（WTP）	1 500 以下	1 500 ~ 3 000	3 000 ~ 4 500	4 500 ~ 7 000	7 000 以上
0	39	35	17	10	5
5	18	20	10	0	0
10	21	33	7	1	1
15	13	10	3	0	0
20	19	23	5	1	1
30	12	14	3	1	0
50	19	28	10	5	4
100	26	34	18	11	5
150	4	11	6	1	0

续表

个人月收入(WTP)	1 500 以下	1 500 ~ 3 000	3 000 ~ 4 500	4 500 ~ 7 000	7 000 以上
200	10	12	10	3	3
500	3	12	6	7	5
大于 500	3	5	7	0	4

由于调查所得数据都是选择某项指标的人所填，因此在计算指标权重的过程中不需进行无量纲化，只需通过上述几个公式即可得到每项指标的权重，如表 5-10 所示。

表 5-10　个人月收入要素层各指标权重

个人月收入(WTP)	1 500 以下	1 500 ~ 3 000	3 000 ~ 4 500	4 500 ~ 7 000	7 000 以上
0	0.208 556 15	0.147 679 325	0.166 666 667	0.25	0.178 571 429
5	0.096 256 684	0.084 388 186	0.098 039 216	0	0
10	0.112 299 465	0.139 240 506	0.068 627 451	0.025	0.035 714 286
15	0.069 518 717	0.042 194 093	0.029 411 765	0	0
20	0.101 604 278	0.097 046 414	0.049 019 608	0.025	0.035 714 286
30	0.064 171 123	0.059 071 73	0.029 411 765	0.025	0
50	0.101 604 278	0.118 143 46	0.098 039 216	0.125	0.142 857 143
100	0.139 037 433	0.143 459 916	0.176 470 588	0.275	0.178 571 429
150	0.021 390 374	0.046 413 502	0.058 823 529	0.025	0
200	0.053 475 936	0.050 632 911	0.098 039 216	0.075	0.107 142 857
500	0.016 042 781	0.050 632 911	0.058 823 529	0.175	0.178 571 429
>500	0.016 042 781	0.021 097 046	0.068 627 451	0	0.142 857 143

续表

个人月收入（WTP）	1500 以下	1500 ~ 3000	3000 ~ 4500	4500 ~ 7000	7000 以上
E_j	0.913 432 628	0.945 531 066	0.943 325 122	0.736 326 27	0.787 238 05
G_j	0.086 567 372	0.054 468 934	0.056 674 878	0.263 673 73	0.212 761 95
A_j	0.128 410 257	0.080 796 837	0.084 069 037	0.391 122 089	0.315 601 779

同样的计算过程可求得其他 5 个要素层的指标权重。同时，对于多层次的指标体系来说，上层指标的权重可通过下层各指标的差异性系数之和来求得。例如，对于目标层 WTP，个人月收入影响因素的差异性系数 $G_{个人月收入}$=0.086 567 372+0.054 468 934+0.056 674 878+0.263 673 73+0.212 761 95=0.674 146 865，同理可计算出乡村旅游区受访者最大支付意愿（WTP）的影响因素中 $G_{性别}$=0.120 892 706，$G_{年龄}$=0.666 604 535，$G_{受教育程度}$=0.698 817 931，$G_{职业}$=1.771 919 717，$G_{发展阶段}$=0.052 494 314。由此，再代入公式中即可求得要素层各指标的权重。最后，由于指标层各指标的绝对权重是该指标的相对权重与该指标所对应的要素层指标权重相乘而得，由此可求得各指标的绝对权重。

乡村旅游区受访者最大支付意愿（WTP）、最小受偿意愿（WTA）评价指标权重如表 5-11、表 5-12 所示。

表 5-11　最大支付意愿（WTP）评价指标熵值法权重

目标层	要素层	权　重	指标层	相对权重	绝对权重
被调查者最大支付意愿（WTP）	性　别	0.029 129 045	男	0.573 501 97	0.013 186 202
			女	0.426 498 03	0.013 951 213
	年　龄	0.160 618 075	18 岁以下	0.240 748 425	0.048 848 637
			18 ~ 25 岁	0.084 940 973	0.010 728 676
			26 ~ 35 岁	0.085 134 754	0.017 326 446
			36 ~ 45 岁	0.164 451 257	0.040 655 669
			46 ~ 60 岁	0.211 758 645	0.017 443 157
			60 岁及以上	0.212 965 947	0.030 026 347
	受教育程度	0.168 379 879	小学及以下	0.402 261 014	0.031 927 539
			初　中	0.159 756 719	0.014 248 784
			高　中	0.097 768 728	0.029 365 458
			大　学	0.065 242 664	0.012 567 519
			研究生及以上	0.274 970 875	0.028 082 24
	职　业	0.426 943 291	学　生	0.021 812 754	0.016 901 419
			农　民	0.129 570 788	0.030 025 052
			普通工人	0.064 706 179	0.032 502 591
			企业人员	0.038 176 098	0.020 885 245
			个体工商户	0.102 800 684	0.038 855 283
			机关事业单位人员	0.082 650 849	0.053 414 168

续表

目标层	要素层	权　重	指标层	相对权重	绝对权重
被调查者最大支付意愿（WTP）	职　业	0.426 943 291	军　人	0.314 848 289	0.084 105 163
			退休人员	0.179 231 034	0.076 521 487
			其　他	0.066 203 324	0.041 732 082
	个人月收入	0.162 435 396	1 500 元及以下	0.128 410 257	0.014 307 115
			1 500 ~ 3 000	0.080 796 837	0.011 186 663
			3 000 ~ 4 500	0.084 069 037	0.022 850 111
			4 500 ~ 7 000	0.391 122 089	0.045 132 993
			7000 以上	0.315 601 779	0.063 819 286
	发展阶段	0.052 494 314	起步期	0.373 970 786	0.019 388 595
			发展期	0.325 536 776	0.019 262 762
			成熟期	0.300 492 439	0.019 037 574

表 5-12　最大补偿意愿（WTA）评价指标熵值法权重

目标层	要素层	权　重	指标层	相对权重	绝对权重
被调查者最大补偿意愿（WTP）	性　别	0.027 137 415	男	0.485 904 854	0.016 705 565
			女	0.514 095 146	0.012 423 48
	年　龄	0.165 028 932	18 岁以下	0.296 000 442	0.038 668 549
			18 ~ 25 岁	0.065 010 878	0.013 643 056
			26 ~ 35 岁	0.104 990 351	0.013 674 18
			36 ~ 45 岁	0.246 354 799	0.026 413 844
			46 ~ 60 岁	0.105 697 571	0.034 012 266
			60 岁及以上	0.181 945 959	0.034 206 18

续表

目标层	要素层	权　重	指标层	相对权重	绝对权重
被调查者最大补偿意愿（WTP）	受教育程度	0.116 191 54	小学及以下	0.274 783 678	0.067 732 661
			初　中	0.122 631 857	0.026 899 817
			高　中	0.252 733 186	0.016 462 287
			大　学	0.108 162 081	0.010 985 552
			研究生及以上	0.241 689 197	0.046 299 563
	职　业	0.476 657 016	学　生	0.035 458 239	0.009 312 809
			农　民	0.062 990 895	0.055 319 379
			普通工人	0.068 188 635	0.027 625 869
			企业人员	0.043 816 085	0.016 299 029
			个体工商户	0.081 516 229	0.043 890 062
			机关事业单位人员	0.112 059 964	0.035 287 226
			军　人	0.331 970 385	0.134 422 365
			退休人员	0.176 447 971	0.076 521 487
			其　他	0.087 551 596	0.028 265 065
	个人月收入	0.157 296 167	1 500 元及以下	0.090 956 536	0.020 858 371
			1 500 ~ 3 000	0.071 118 471	0.013 124 266
			3 000 ~ 4 500	0.145 268 074	0.020 256 398
			4 500 ~ 7 000	0.286 930 022	0.063 532 071
			7 000 以上	0.405 726 897	0.051 264 9
	发展阶段	0.057 688 93	起步期	0.336 088 65	0.019 631 34
			发展期	0.333 907 416	0.017 088 83
			成熟期	0.330 003 934	0.015 774 145

（三）计算结果分析

不同指标对受访者 WTP、WTA 的影响程度不同。根据研究需要，本节对要素层 6 项指标，即性别、年龄、职业、受教育程度、个人月收入以及乡村旅游区发展程度的权重计算结果进行分析，从权重的角度分析 6 项影响因素与受访者 WTP、WTA 的关联性。

分析最大支付意愿（WTP）的6项指标的权重计算结果（图5-9），可得到以下结论：

（1）职业是影响受访者 WTP 的重要因素，其权重为 0.426 9。考虑其原因，可归结为两个方面：一是职业性质对受访者生态补偿意识的影响；二是职业不同带来的收入水平的差异、可自由支配收入的差距等，很大程度地影响受访者对支付意愿的选择。

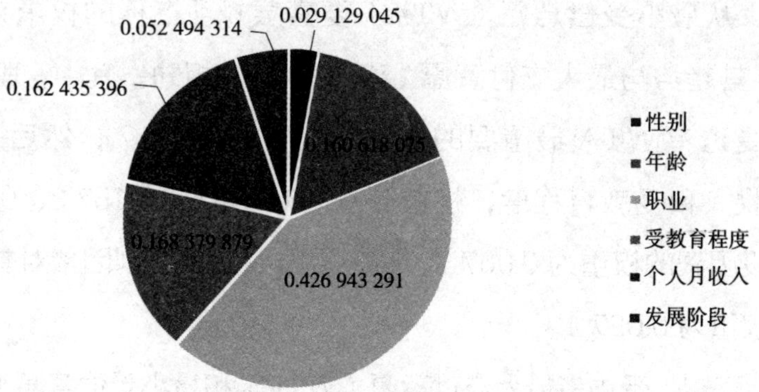

图 5-9　支付意愿要素层指标权重

（2）年龄、受教育程度和个人月收入也是影响受访者 WTP 的重要指标，其权重分别为 0.160 6、0.168 4、0.162 4。说明受访者所处的年龄段和受教育程度对其所具有的生态环境保护意识有很大影响。然而，生态补偿机制的建设不仅需要利益相关者有良好的生态环境保护意识，还需要他们拥有一定的支付能力，所以受访者的个人月收入情况对其最大支付意愿的选择也有较大影响。

（3）乡村旅游区发展阶段的权重为 0.052 5，说明它对受访者最大支付意愿也有一定影响力。乡村旅游区发展初期，生态环境较好，游客规模较小，对环境保护的需求不明显，而当地居民和旅游区工作人员则更注重经济效益，因此受访者所愿付出的最大支付意愿也较小。之后，随着旅游区的发展，相关配套设施逐步完善，游客满意度不断提升，游客规模逐步增大，越来越多的旅游者愿意为所获得的美好体验买单。与此同时，在经济效益到达一定规模后，旅游区的本地居民和工作人员开始考虑长久发展问题，也愿意为旅游区越来越大的生态环境压力减轻负担、采取措施，因此受访者的最大支付意愿也随之提升。

（4）性别因素对受访者 WTP 影响较小，权重为 0.029 1，可不多做考虑。从最小受偿意愿（WTA）要素层 6 项指标的权重来看（图 5-10），其趋势与最大支付意愿（WTP）基本相同。其中，职业因素是影响受访者 WTA 最重要的因素，权重为 0.476 7；然后是年龄、个人月收入和受教育程度，权重分别为 0.165 0、0.157 3、0.116 2；发展阶段因素的权重为 0.057 7，有一定影响力；性别因素对其影响可忽略，权重为 0.027 1。

综上可知，受访者最大支付意愿（WTP）和最小受偿意愿（WTA）主要由受访者的职业、年龄、受教育程度、个人月收入及乡村旅游区的发展程度这 5 大要素决定，因此在确定乡村旅游区的生态补偿标准时应充分考虑旅游区发展实际，分阶段制定不同标准，提升生态补偿资金利用效率，建立更加精准、高效的生态补偿机制。

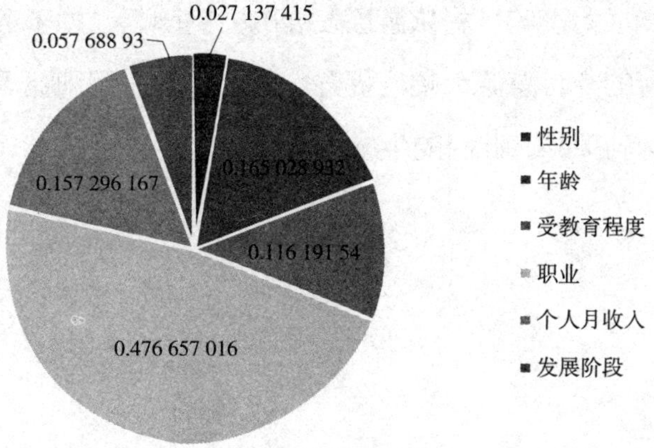

图 5-10 最小受偿意愿要素层指标权重

四、研究小结

（1）利用灰色模型构建的乡村旅游区受访者 WTP、WTA 预测模型拥有“优秀”等级的预测精确度，可以应用到乡村旅游区生态补偿标准的核算体系中。在此基础上，应用调整过的 Spike 模型确定乡村旅游区的生态补偿标准可以进一步提升体系的科学性和合理性。

（2）通过研究发现，乡村旅游区生态补偿标准受其发展程度的影响，在具体核算时应分阶段研究，不同发展阶段的乡村旅游区应有不同的生态补偿标准。具体来说，在发展初期，因生态环境较好，且各方利益相关者因乡村旅游区发展所带来的影响普遍利大于弊，因此其支付意愿和受偿意愿都相对较少，由此所得的生态补偿标准也相对较少；而发展中期，随着乡村旅游区发展所带来的负面影响渐渐凸显，各方开始注意乡村旅游区生态环境的保护，因此支付意愿和受偿意愿也随之增加，生态补偿标准也相应提升；最后，到了发展成熟期，长期发展所带来的环境压力逐步成为影响乡村旅游区发展的关键因素，为了寻求更长远的发展，受访者的支付意愿大幅度提升，与此同时，因利益受损而要求的补偿意愿也达到顶峰，此时的生态补偿标准达到最大。

第六章　基于支付意愿（WTP）的漓江风景区旅游生态补偿实证研究

一、研究方法与研究思路

（一）研究方法

1. 条件价值评估法（CVM）起源与发展

条件价值评估法的雏形产生于1947年，经济学家Ciriacy Wantrup提出通过直接询问的方式了解人们对公共物品的支付意愿和需求情况。1963年，Robert K.Davis认识到条件价值评估法的价值，对其进行了系统的理论探讨，并应用条件价值评估法研究了美国一片林地的游憩价值，这是对条件价值评估法的首次实际应用（蔡海生等，2010）。从20世纪70年代开始，条件价值评估法被频频用于评估自然资源的游憩、美学、娱乐的价值评估（倪才英等，2010；李云驹等，2011）。1979年，美国水资源委员会（WRC）推荐CVM为评估自然资源休憩价值的优先方法之一，推动了水资源相关的联邦机构对CVM的应用（刘强等，2012）。1989年，Carson等应用CVM评估阿拉斯加海域石油泄漏事故引起的自然景观和野生生物损失，使CVM在世界范围内产生了影响，也使更多的学者开始认识CVM（Zhang et al，2009）。在这个阶段，CVM得到了规范和发展。

1993年，诺贝尔奖获得者Kenneth Arrow和Robert Solow主持“蓝带小组”对CVM进行了深入的评判，肯定了CVM在严格实施和审慎分析的基础上是一种有效的价值评估方法（Sun，2008；Matthias，2010；Yinglan，2011）。20世纪80年代以后，CVM研究被引入到英国、法国和丹麦，在欧洲被广泛应用到案例的研究中，研究领域也越来越广泛。2001年，美国加州大学经济系统计20世纪90年代以来，短短十余年间，应用CVM评估非市场资源价值的文献就多达500多篇（Jenkins，2004）。20世纪90年代末，我国学者开始应用CVM评估生态服务价值、资源游憩价值、支付意愿等（宋红丽等，2008；李婷，2008；Feng，2009）。

CVM经过60多年的发展，方法得到了不断的修正和优化，科学性不断提升，应用领域也更为广泛，已成为自然环境价值评估领域应用最为广泛的方法之一。

2. 经济原理

CVM以效用最大化和消费偏好为理论基础，表现为个人对各种市场商品或服务以及环境舒适性具有消费偏好（PAUIOLA，2002）。消费者的个人效用U受到可自由选择的市场商品服务x（可自由选择）和不受个人支配的环境物品q的影响，用函数表示为$U(x, q)$。其中，x受其（可支配）收入y和商品或服务价格p的限制，在收入和价格的限制下，个人力图获取最大效用为Max $U(x, q)$，其中$\sum p_i x_i \leqslant y_i = 1, 2, 3\cdots, n$为市场商品的种类。

假设p，y不变，某种商品或服务价格从q_0变化到q_1，相应个人效用从$U_0=V(p, q_0, y)$变到$U_1=V(p, q_1, y)$。如果$q_1>q_0$，则$U_1=V(p, q_1, y) > U_0=V(p, q_0, y)$，即个人效用提高，提高的间接效用表

示为 $V(p, q_1, y-c)= V(p, q_0, y)$。其中，补偿系数 c 的含义是，q 产生变化时个人为保持效用不变愿意支付的货币数量，即 CVM 中被调查者的 WTP 或 WTA。

总 WTP/WTA 值可由个人 WTP/WTA 加总获得，总支付意愿 T 为

$$T=N\times E(\text{WTP}) \tag{6-1}$$

式中，N 为假想市场的大小（人口、数量等），$E(\text{WTP})$ 为被调查者个体支付意愿值。

（二）研究思路

以公共物品理论、外部性理论、生态资本理论等为基础对旅游生态补偿这一新型的补偿领域开展研究，采取文献分析法、实地调研法、跨学科研究法、定性与定量相结合的方法。在国内外学者研究的基础上，梳理旅游生态补偿的概念、内涵以及旅游生态补偿主客体，利用条件估值法分析和计算漓江旅游者的生态补偿意愿和支付水平。CVM 是典型的陈述偏好价值评估技术，通常采取问卷的形式调查消费者关于假想市场中公共物品和服务的偏好，并通过一系列假设问题的询问，引导出被调查者的支付意愿（WTP）或接受赔偿意愿（WTA）。经过统计计量工具计算出最能代表调查者支付意愿的 WTP/WTA 值，将样本扩展到整个区域获得整个计划项目带来的经济效益或损失。

（三）研究步骤

1. 设计问卷，建立假想市场

通过对相关环境变化进行描述营造假想市场的真实感，并使被调查者相信所描述的物品是被提供的或者环境质量的改善是能够实现的。我们也要向被调查者说明他需要支付一定的货币或劳动才能获得物品或是改善环境质量，从而激励其做出最接近真实的回答。

2. 获取个人的 WTP/WTA

通过合适的方式引导出被访者的最大支付意愿是 CVM 研究成功的关键，其中面对面的问卷调查是最常用的方法。问卷类型通常有重复投标博弈、开放式问题格式、支付卡格式以及封闭式问题格式四种形式（Jenkins et al，2004）。支付卡格式的引导方式相较于其他方式，在数据上更为有效，能够获取每位受访者的支付意愿，因此基于研究对象和问卷调查受访者的特性，本书选取支付卡的引导方式。为避免问卷的支付值范围对被访者的影响，先通过专家询问法咨询可靠性的数值，然后在正式调查前进行预调查，并按照结果对问卷的支付值进行调整。

3. 估算平均最大的 WTP/WTA

选取适当的支付意愿引导技术，并利用统计计量工具计算出受访者的平均 WTP/WTA。在几种常用到的引导技术中，开放式问题格式的调查能够提供受访者最大的支付意愿值，用非参数估计就能得到样本的平均最大 WTP 值（FERRARO，2002）。支付卡格式的问卷则可以用参数方法和非参数方法获得样本的平均最大 WTP。对于封闭式问题格式的问卷（二分式选择），通常采用 Probit 或 Logit 模型进行调查结果的统计分析获取平均最大的 WTP。

4. 影响因素分析

由于 CVM 的调查结果是建立在被调查者的回答基础上，这样直接询问的形式很容易使调查结果产生偏差，因此需要根据统计资料对影响受访者支付意愿或受偿意愿的因素进行分析，对调查结果的可靠性及有效性进行判断。

（四）偏差识别与控制

CVM 是在假想市场情况下对非市场价值进行的评估，而在现实中并未发生，因此产生的偏差会影响调查结果。为保证结果的科学性要对各种可能出现的偏差进行规避，对不同的偏差也有不同的减少偏差的方法，如表 6-1 所示。

表 6-1　CVM 的偏差类型及减少偏差的方法

偏差类型	减少偏差的方法
假想偏差	调查问卷中对假想市场情况进行明确说明，充分模拟市场，采取匿名的调查方式等
投标起点偏差	通过预调查确定投标的起点值和数值间隔范围
信息偏差	为受访者提供完善符合实际的信息
调查方式偏差	能与受访者进行“面对面”“一对一”的交流
调查者偏差	调查人员充分，并确保每个调查人员都充分了解调查内容，掌握调查技巧及各种调查需注意事项

二、漓江的生态系统服务功能价值估算

（一）生态系统服务功能

生态系统服务功能是指生态系统和生态过程形成及维持的人类赖以生存的自然环境条件与效用，它不仅为人类提供了各类生产与生活原料，还维持了人类赖以生存的生命支撑系统，是人类生存与发展的基础（桂林市政府发展研究中心课题组,2009）。20 世纪 70 年代以来，生态服务功能研究得到学术界和社会的关注，成为生态学研究的一个重要分支。随着研究的深入，对生态系统服务功能的内涵、种类、效用等都有了一定认知，研究开始走向管理实践层面，研究重点聚焦在

生态服务功能质量、多种服务功能权衡、生态系统服务功能多尺度关联、生态系统服务功能保护规划，以及基于生态系统服务功能的生态补偿机制等方面，其中生态服务功能的估算更是研究的热点领域（黄伟军等，2007）。

1997 年 Costanza 等人在 *Natural* 上发表的“全球生态系统服务价值和自然资本”一文梳理了生态系统服务功能的类型（表 6-2），使生态系统服务价值估算的原理和方法从科学意义上得到明确。后来的学者在此基础上对生态系统服务功能价值估算在方法和模型上都进行了不断地改进，使生态系统服务功能价值估算在生态环境领域得到了发展和实践。谢高地等（2003 年）以 Costanza 等人的研究成果为参考，综合国内专业人士进行问卷调查，制定出了我国生态系统单位面积生态服务价值当量表（表 6-3），并假定生态服务功能强度与生物量成线性关系，对生态服务单价进行修正，得出了中国不同陆地生态系统的单位面积生态服务价值表（表 6-4）。

在实际进行生态服务功能价值估算时，可根据生态系统类型的土地面积以及各类型单位面积生态服务价值系数进行计算。计算的数学模型为

$$
\begin{aligned}
&\mathrm{ESV}_i=\sum(A_i{}^*VC_i)\ (i=1,\ 2,\ 3,\ \cdots)\\
&\mathrm{ESV}=\sum\mathrm{ESV}_i
\end{aligned}
\qquad (6\text{-}2)
$$

式中：ESV_i 为第 i 种类型的土地生态系统服务价值，A_i 为第 i 种类型的土地面积，VC_i 为第 i 种类型的土地生态服务功能价值系数，ESV 为各种类型土地生态系统服务价值的总和。

表6-2 生态系统服务与生态系统功能的类型

序号	生态系统服务	生态系统功能
1	气体调节	对区域大气层的组成成分进行调节；如 O_3 防紫外线，CO_2 和 O_2 的平衡
2	气候调节	对降雨、温度进行地区及全球性的调节
3	干扰调节	对外界环境变化的反应
4	水调节	水文流动调节
5	水供给	水的储存和保持
6	保持沉积物和控制侵蚀	生态系统内的土壤保存
7	土壤形成	土壤的形成过程
8	养分循环	养分的再循环和利用
9	废物处理	易流失养分的再获取，过剩或异类养分和化合物的去除或降解
10	传 粉	植物配子的移动
11	生物控制	生物链的控制
12	避难所	为人类和动物提供生存环境
13	食物生产	从大自然直接获取可作为食物的部分
14	原材料	总初级生产中可用作原材料的部分
15	基因资源	特有的生物材料和产品的来源
16	休闲娱乐	提供游憩机会
17	文 化	提供非商业用途的机会，如科研、教育、美学、艺术价值等

表6-3 中国陆地生态系统单位面积生态服务价值当量表

服务类型	森 林	草 地	农 田	湿 地	水 体	荒 漠
气体调节	3.5	0.8	0.5	1.8	0	0

续表

服务类型	森 林	草 地	农 田	湿 地	水 体	荒 漠
气候调节	2.7	0.9	0.89	17.1	0.46	0
水源涵养	3.2	0.8	0.6	15.5	20.38	0.03
土壤形成与保护	3.9	1.95	1.46	1.71	0.01	0.02
废物处理	1.31	1.31	1.64	18.18	18.18	0.01
生物多样性保护	3.26	1.09	0.71	2.5	2.49	0.34
食物生产	0.1	0.3	1	0.3	0.1	0.01
原材料	2.6	0.05	0.1	0.07	0.01	0
娱乐文化	1.28	0.04	0.01	5.55	4.34	0.01

表6-4 中国不同陆地生态系统的单位面积生态服务价值

单位：元/(公顷*a)

服务类型	森 林	草 地	农 田	湿 地	水 域	荒 漠
气体调节	3 097.0	707.9	442.4	1 592.7	0.0	0.0
气候调节	2 389.1	794.6	787.5	15 130.9	407.0	0.0
水源涵养	2 831.5	707.9	530.9	13 715.2	180 332.2	26.5
土壤形成与保护	3 450.9	1 725.5	1 291.9	1 513.1	8.8	17.7
废物处理	1 159.2	1 159.2	1 451.2	16.86.6	16 086.6	8.8
生物多样性保护	2 884.6	964.5	628.2	2 203.3	2 203.3	300.8
食物生产	88.5	265.5	884.9	88.5	88.5	8.8
原材料	2 300.6	44.2	88.5	8.8	8.8	0.0
娱乐文化	1 132.6	35.4	8.8	3 840.2	3 840.2	8.8

（二）漓江生态系统服务功能价值估算

参照国家通用的《土地利用分类》及漓江流域实际情况，将漓江土地利用分类为耕地、林地、园地、水域、建设用地、自然保留地6种土地利用类型，并以2010年桂林市土地规划探测所得资料为基础，获取了漓江流域各类型的土地面积情况。结合《中国不同陆地生态系统的单位面积生态服务价值表》，其中耕地与农田对应，林地与森林对应，园地取森林和草地的平均值，自然保留地取荒漠和草地的平均值（自然保留地包含裸地、荒草地和其他草地），城镇用地取值为0（王志文和邱玮玮，2013）。

通过计算可得漓江生态系统服务功能价值总额为 3.7×10^9 元，其中林地的生态系统服务功能价值最大，以原材料和娱乐文化的单项生态系统服务价值较大（表6-5）。

三、旅游者生态补偿意愿研究

（一）调查问卷设计与实施

1. 调查问卷设计

CVM 方法的关键在于通过引导技术获得消费者的支付偏好，因此调查问卷的设计就尤为重要（王开泉，2013）。本书问卷的设计从受访者——旅游者的立场出发，考虑到旅游者处于一个动态活动的场景中，时间也较为有限，因此在问题的设置上尽可能简单易于理解，并综合考虑调查过程中可能会出现的困难，对问卷进行不断地修正。在正式调查之前进行预调查，将问卷中含糊、不清楚、难于理解的问题进行修改，使正式调查能够顺利进行。

表 6-5　漓江土地利用种类面积和生态系统服务功能价值

类　型	耕　地	林　地	园　地	水　域	自然保留地	单项价值（元）
面积（公顷）	50 443.33	116 663.58	17 487.68	4 121.38	22 343.45	
气体调节	22 316 129.19	361 307 107.3	33 269 436.82	0	7 908 464.128	424 801 137.4
气候调节	39 724 122.38	278 720 959	27 837 763.41	1 677 401.66	8 877 052.685	356 837 299.1
水源涵养	26 780 363.9	330 332 926.8	30 947 947.3	743 217 522.4	8 204 514.84	1 139 483 275
土壤形成与保护	65 167 738.03	402 594 348.2	45 261 613.38	36 268.144	19 474 551.02	532 534 518.8
废物处理	73 203 360.5	135 236 421.9	20 271 718.66	66 298 991.51	13 048 574.8	308 059 067.4
生物多样性保护	31 688 499.91	336 527 762.9	33 655 914.54	9 080 636.554	14 135 583.64	425 088 397.5
食物生产	44 637 302.72	10 324 726.83	3 095 319.36	364 742.13	3 064 404.168	61 486 495.2
原材料	4 464 234.705	268 396 232.1	20 502 556.03	36 268.144	493 790.245	293 893 081.3
娱乐文化	443 901.304	132 133 170.7	10 212 805.12	15 826 923.48	493 790.245	159 110 590.9
不同类型	308 425 652.6	2 255 573 656	225 055 074.6	836 538 754.1	75 700 725.77	
合　计	3 701 293 863					

本次调查的目的是通过构建假想情境引发出旅游者关于漓江旅游生态补偿的支付意愿，并将旅游者的各类特征因素纳入到分析的框架中，分析各变量与支付意愿的相关性，借以说明旅游者生态补偿意愿的影响因素，并以影响因素为出发点，提出相关的建议。在明晰了调查目的和调查者的特性之后，借鉴以往 CVM 问卷设计经验确定调查内容由四个部分组成：

（1）第一部分向被调查的旅游者说明了开展此次调查的背景和目的，使旅游者能够放心配合调查，此外还对漓江的环境和生态现状进行简单介绍。

（2）第二部分主要是旅游者对漓江生态服务功能的认知状况，包括此次来漓江旅游的原因、对漓江流域生态服务功能的认知、对目前漓江生态环境质量的评价以及关于生态补偿的相关问题等。

（3）第三部分为核心估值问题。关于核心估值的引导技术，本书采取支付卡式的调查方法，让旅游者在给出的一系列支付值中选取自己能够接受的选项。在调查中，先询问旅游者是否愿意支付一定费用用于生态补偿，如果愿意，支付费用的额度是多少，如果不愿意，那么不愿意支付的原因是什么。问卷核心问题如图 6-1 所示。

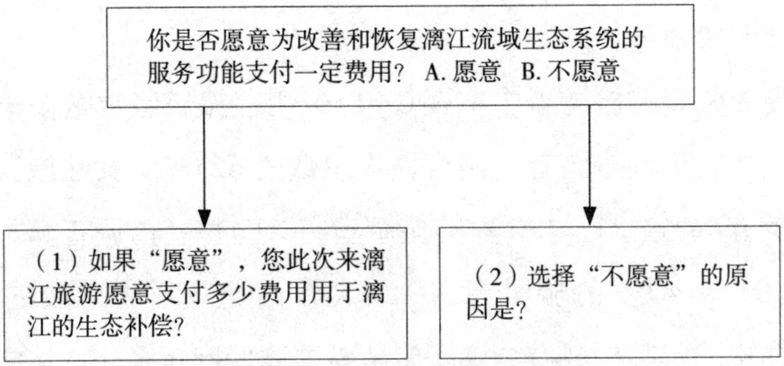

图 6-1　调查问卷核心问题

（4）第四部分为旅游者的社会经济特征的信息调查，包括性别、年龄等。

2.调查问卷实施

本次问卷调查选取研究范围内的重点旅游景点，于2015年8月9日在漓江市区段（滨江路）发放预调查问卷30份，回收有效问卷28份。针对预调查过程中出现的各种问题进行分析，并对正式问卷进行修改与优化。在正式调查前对我们参与成员进行了培训，使其熟悉问卷内容，以便能够顺利完成调查。2015年8月19日至8月30日期间分别在兴坪古镇、遇龙河景区、象山公园、两江四湖等漓江流域范围内的重点旅游景区（点）展开正式问卷调查，为保证获得信息的真实性，本次调查均采用一对一的形式。

调查期间共发放问卷500份，回收问卷492份，回收率为98.4%，剔除13份无效问卷（包括核心信息缺失、信息相互矛盾、支付意愿过大等原因），最终得到有效问卷479份，问卷有效率为95.8%。我们将调查问卷的原始数据经过编码输入到IBM SPSS22.0的数据库中，对数据进行信度检验和描述性统计分析，观察资料的数值分布和变化趋势，并对旅游者社会经济特征因素进行检验。

（二）调查问卷基本信息统计

1.旅游者的社会经济特征统计与分析

在接受调查的旅游者中（表6-6），男性旅游者数量多于女性旅游者。其中，男性旅游者占调查样本总数的52.6%，女性旅游者占样本总数的47.4%。21 ~ 30岁的旅游者有217位，占调查样本总数的45.3%，31 ~ 40岁的旅游者有123位，占调查样本总数的25.7%，从调查样本的年龄构成看，漓江旅游者整体偏向年轻化。从学历构成方面看，调查样本中本科学历旅游者有202位，占调查样本总数的42.2%，大专学历的旅游者有120位，占总数的25.1%。从职业构成方面看，企业职工与学生较多，有125和116位，分别占样本总数的26.1%和24.2%。从收入结构方面看，平均月收入在1 500元以下的较多，有119位，占调查样本总数的24.8%；收入在5 500元以上的共有78位，占调查样本总数的16.3%。这些特征反映出漓江的旅游者以青壮年为主，受教育程度较高，低收入群体以学生为主，存在一部分高收入者。

表6-6　被调查者的基本情况

调查项目		人　数（位）	百分比（%）
性　别	男	252	52.6
	女	227	47.4
年　龄	<20岁	40	8.4
	21 ~ 30岁	217	45.3
	31 ~ 40岁	123	25.7
	41 ~ 50岁	75	15.7
	>50岁	24	5.0
受教育程度	初中及以下	27	5.6
	高中（中专）	84	17.5
	大　专	120	25.1
	本　科	202	42.2
	硕士及以上	46	9.6
职　业	学　生	116	24.2
	公务员/事业单位员工	43	9.0

续表

调查项目		人　数（位）	百分比（%）
职　业	企业职工	125	26.1
	教师及科研人员	38	7.9
	农　民	12	2.5
	军　人	5	1.0
	医　生	13	2.7
	个体经营者	35	7.3
	自由职业	67	14.0
	离退休人员	6	1.3
	其　他	19	4.0
平均月收入	1 500 元以下	119	24.8
	1 501 ～ 2 500 元	38	7.9
	2 501 ～ 3 500 元	78	16.3
	3 501 ～ 4 500 元	82	17.1
	4 501 ～ 5 500 元	71	14.8
	5 501 ～ 10 000 元	57	11.9
	10 001 元以上	21	4.4
	缺　失	13	2.7

2. 对漓江生态系统服务功能和生态补偿的认知调查

行为心理学认为任何主体的认知与态度可以直接作用于主体的动机，进而影响主体的行为过程和行为效果（戴其文等，2014）。因而，在进行漓江旅游生态补偿的过程中，旅游者的认知态度也会对其支付结果产生影响，因此在进行支付意愿调查之前，有必要针对旅游者对漓江生态服务功能和生态补偿的认知进行调查和分析。在实际调查中询问了旅游者此次来漓江旅游的原因，然后针对漓江的生态服务功能和生态补偿情况展开了调查。

调查数据显示，有 384 位旅游者认为“自然风光优美”是吸引其来漓江旅游的原因，304 位旅游者认为“知名度高”是吸引其来漓江旅游的原因，213 名旅游者认为“生态环境好”是吸引其来漓江旅游的原因，84 名游客认为“沿岸的风俗民情”是吸引其来漓江旅游的原因,113 名游客认为“休闲度假的氛围好”是吸引其来漓江旅游的原因，63 名游客认为“离居住地近，出行方便”是吸引其来漓江旅游的原因。此外，还有少数游客来漓江是为了疗养和科研考察。结果表明，优美的自然风光、较高的知名度和良好的生态环境是游客选择来漓江旅游的最大吸引力（图 6-2）。

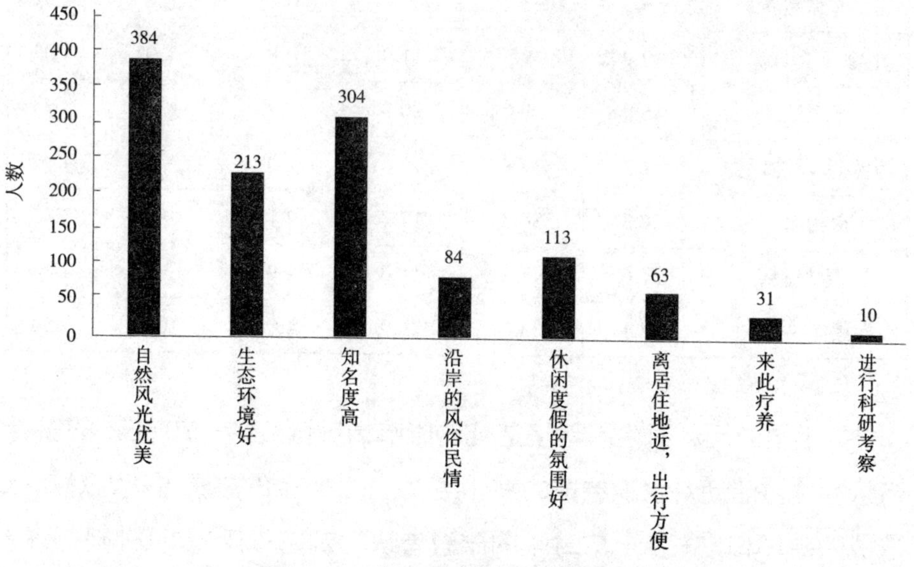

图 6-2 游客对漓江旅游的感知

关于漓江的生态服务功能，有 275 位旅游者认可漓江多样性的生态服务功能，有 27 位旅游者认为没有这些功能，有 167 位旅游者表示不太清楚漓江多样性的生态服务功能。按各类生态服务功能的重要性进行评判，仅有废物处理、食物生产和娱乐文化的重要性在 4 分以下，娱乐文化的重要性值最低。综合被调查者的回馈可知重要性排名为：水源涵养 > 气体条件 > 气候调节 > 原材料 > 土壤形成与保护 > 生物多样性 > 食物生产 > 废物处理 > 娱乐文化（表 6-7）。

表 6-7　旅游者漓江生态服务功能认知状况

功　能（%）	非常重要（5 分）	重要（4 分）	一般（3 分）	不重要（2 分）	不清楚（1 分）	得　分
气体调节	45.7	37.8	10.2	1.3	5.0	4.18
气候调节	41.3	41.5	11.7	1.0	4.4	4.14
水源涵养	53.7	33.2	8.4	0.4	4.4	4.32
土壤形成与保护	39.9	39.5	11.9	0.8	7.9	4.03
废物处理	35.9	29.0	20.3	2.5	12.3	3.74
生物多样性保护	41.3	37.8	10.6	1.9	8.4	4.02
食物生产	36.3	34.2	17.7	2.1	9.6	3.85
原材料	37.6	41.8	15.0	1.9	3.8	4.08
娱乐文化	22.1	33.8	29.9	4.0	10.2	3.54

关于旅游活动对生态环境造成的影响情况调查中，70.56% 的旅游者认为旅游活动对水源造成的破坏最大，15.45% 的旅游者认为对森林造成的破坏程度最大，7.31% 的旅游者认为对空气质量的影响程度较大，5.43% 的旅游者认为对野生动物的影响最大，0.84% 的旅游者认为对土壤的影响较大（图 6-3）。

关于生态补偿的调查中，有 73.5% 的旅游者表示“听说过相关概念，了解一些”，16.3% 的旅游者表示“没有听说过”，10.2% 的旅游者对于生态补偿“非常了解，清楚是怎么一回事”。

对于生态补偿的方式，38.6% 的旅游者支持从旅游企业的收益中抽取补偿金，27.6% 的旅游者支持政府拨款，并且表示这种方式的效果比较快，23% 的旅游者支持向环境污染者征收生态税，10.2% 的旅游者支持社会捐款（图 6-4）。通过访谈了解得知，大多数人对于社会捐款认可度不高，认为自己已经在旅游过程中交了门票等费用，应该由政府或旅游企业承担生态环境的保护或修复费用。

总体上看，漓江的生态环境对旅游者有一定的吸引力，且旅游者对漓江生态服务功能和生态补偿有一定的认知，这在一定程度上有利于引导出旅游者正确的支付意愿。

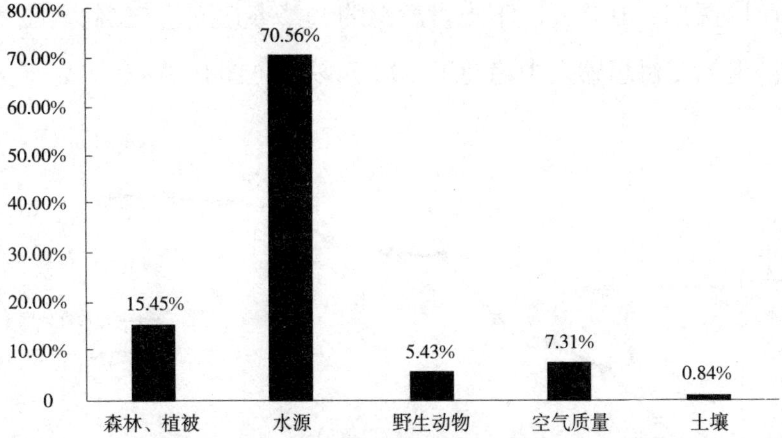

图 6-3　旅游活动的最大影响对象

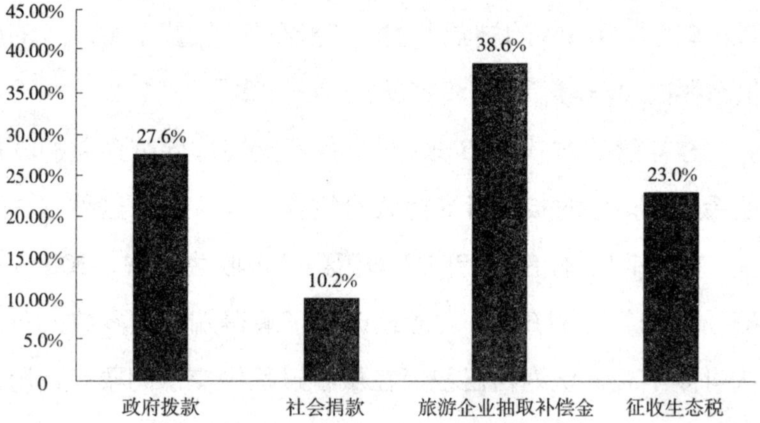

图 6-4　生态补偿方式

3. 支付意愿统计

在关于生态补偿支付意愿的调查中，有 265 位旅游者愿意为漓江流域的生态补偿支付一定的费用。WTP 的相对频率和累计频率呈现左偏分布，频率最高的为 55 元，其次为 10 元、20 元、100 元。从累计频率可以看出，100 元以下支付意愿的选择率达到了 95% 以上，反映出旅游者的支付意愿之中趋向于 100 元以下（图 6-5）。

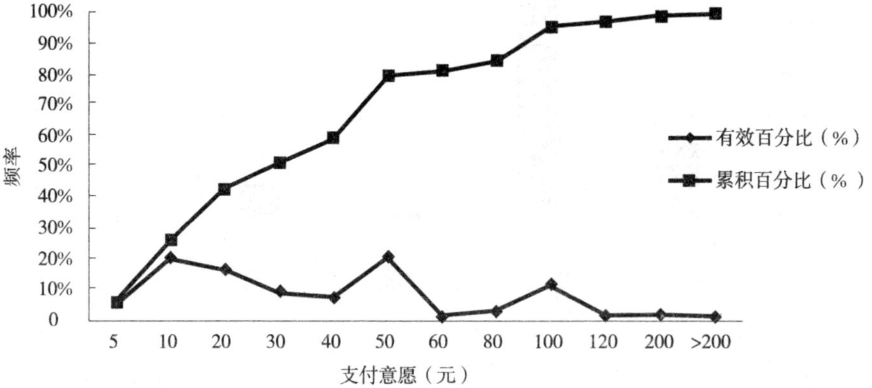

图 6-5　支付意愿的相对频度和累计频度分布

在214位拒绝支付的旅游者中，50.93%的旅游者认为自己已经支付了旅游的门票、船票等费用，生态环境保护的费用应该是已经包含在这些费用里了（也对应了旅游者比较支持从旅游企业的收益中抽取补偿金的生态补偿形式），23.83%的旅游者认为漓江生态保护是当地政府的事，21.50%的旅游者因为个人收入限制而不愿意支付费用，3.27%的旅游者认为漓江的生态环境与自己无关，0.47%的旅游者认为漓江的生态环境很好，不需要支付（表6-8）。

表6-8 不愿意支付费用的原因

选项	频率	有效百分比	累积百分比
个人收入限制，不愿支付	46	21.50	21.50
我认为这是当地政府的事，与我无关	51	23.83	45.33
我已经付了门票，有权享受生态福利，不应该另外支付	109	50.93	96.26
漓江的生态与我无关，不会再来了	7	3.27	99.53
我认为漓江现状很好，不需要再花钱治理	1	0.47	100.0

（三）调查结果分析

1. WTP估算

支付意愿的计算通常采用平均值和中位值两种方式，中位值属于位置平均数，相对不受统计资料中的极端值的影响，用累计相对频数的中位值作为WTP更能反映大多数样本的支付意愿（肖飞鹏等，2014）。

在采访的479名旅游者中，有265名旅游者愿意为改善和恢复漓江流域生态系统服务功能支付一定的费用，占总人数的55.32%。由图

6-5 可知，最为接近 50% 的累计频率分别为 42.23% 和 51.26%，对应值为 20 元和 30 元。经计算，中位累计频度 50% 的对应值为 28.60 元，用该值代表样本总体人均 WTP 值。

2015 年漓江旅游接待人数为 156.7 万人次，在估算总的旅游者生态补偿额度时，分两种情况进行：

（1）对于不愿意支付的旅游者，如果消除其不愿意支付原因，则有可能会支付一定费用。因此，可用总人数来计算漓江流域旅游生态补偿额度的最大值：156.7 万 ×28.60 元 / 年≈ 4 482 万元 / 年。

（2）调查的支付意愿率为 55.32%，即有 866 864 人次，乘以 WTP 即等于漓江流域的旅游者愿意支付的生态补偿额度，即漓江流域总体的旅游生态效益，约为 2 479 万元 / 年。

因此，我们可以估算认为漓江流域每年的旅游者生态补偿额度在 2 479 ~ 4 482 万元。

2. 支付影响因素的分析

对支付意愿与受访者社会经济信息进行回归分析是有效验证 CVM 的调查结果有效性和可靠性的重要手段之一，此步骤也是 CVM 研究的关键步骤。本书选择性别、年龄、文化程度、职业、平均月收入、对漓江生态服务功能认知情况、对生态补偿了解程度 7 个解释变量对支付意愿进行卡方检验，得出各影响因子与支付意愿的相关性（表 6-9）。其中，年龄、文化程度、职业对平均支付意愿的影响不显著，而性别、平均月收入、对漓江的生态服务功能认知与对支付意愿呈显著相关性。

具体表现为女性的支付率较高，而男性的支付率较低；1 500 元以下、3 501 元～ 4 500 元、5 501 元～ 1 000 元这三种月收入的旅游者的支付率高，参与本次调查的 1 500 元以下的大部分为学生，没有固定收入，但是受生态环保意识的影响，支付意愿还是很高；对漓江的生态服务功能认知度较高的旅游者支付意愿也更为强烈。

表 6-9 样本因素与支付意愿的相关结果分析

因 素	卡 方	*df*	渐进（双侧）	相关性	偏好特征
性 别	3.928	1	0.047	显著相关	女 性
年 龄	2.507	4	0.643	显著不相关	—
文化程度	1.617	4	0.806	显著不相关	—
职 业	11.271	10	0.337	显著不相关	—
平均月收入	13.568	6	0.035	显著相关	1 500 元以下、3 501 元 ~ 4 500 元、5 501 元 ~ 1 000 元
对漓江的生态服务功能认知	10.537	2	0.005	显著相关	是
是否听过“生态危机”“生态补偿”	5.741	2	0.057	显著不相关	—

四、研究小结

本书运用支付卡格式条件价值评估法 (CVM) 对漓江流域的旅游者生态补偿支付意愿进行了一次探索性研究，结论如下：①在 479 个有效样本中，具有支付意愿的比例为 51.2%，共有 198 个旅游者表示愿意参与旅游生态补偿，平均支付意愿为 27.5 元，通过估算认为漓江流域每年的旅游者生态补偿额度在 4 403 万元～ 2 254 万元。②旅游者的性别、平均月收入、对漓江生态服务功能认知三个因素对漓江流域旅游生态补偿支付意愿有重要影响，具体表现为女性的支付率较高，处于较高收入的人群的支付率高，对漓江流域生态服务有较高认知人群的支付率高。

研究表明，漓江流域最大的旅游吸引力仍是其优美的自然风光和较高的知名度，漓江流域旅游者也表现出具有较高的生态环境意识和较高的支付意愿，我们应尝试建立漓江流域旅游生态保护机制，提高旅游者的生态补偿参与度，进一步加强漓江流域的生态科普宣传，让旅游者真正了解漓江的生态服务功能以及其他相关知识，平衡旅游者、小区居民、旅游经营者、当地政府之间的关系，同时多种生态补偿方式并行，促进漓江流域生态补偿机制的完善，全面提升漓江流域的生态环境质量。

第七章　漓江风景区生态补偿建议

一、建立漓江流域旅游生态补偿大区域

生态环境是一个复杂的系统，包含水、空气、土壤、动植物等各类资源，生态补偿涉及经济、社会、行政多个层面，旅游业涵盖众多的产业部门，本书出于现实性考虑，选取了漓江流域的部分区域开展研究，在实践旅游生态补偿机制时我们应考虑扩大实施范围，建立一个旅游生态补偿大区域。

漓江流域生态系统是一个从源头到河口的连续、独立、完整的水文单元，分布在不同行政区域中，上下游管理的断层不利于旅游生态补偿的进行，而且上游的生态环境状况直接影响下游的用水质量，影响中下游旅游业的发展，上中下游的利益应得到平衡协调（郭焕成，2006）。我们将整个流域范围纳入到旅游生态补偿的大区域，有利于实现补偿制度的统一管理与统一执行，有利于实现大区域的旅游合作，更好地达到旅游生态补偿的目标。以漓江的旅游影响力和辐射力为基准，我们建议将整个桂林市都纳入漓江旅游生态补偿区域范围内。

同时，按照漓江的旅游影响力、旅游辐射能力以及生态服务功能分级层层推进漓江旅游生态补偿的实施。核心区域即漓江风景名胜区范围以及重点生态保护区，如漓江上游的水源林地区。扩大区包括被漓江旅游辐射的整个桂林市。不同的层级实施不同的旅游生态补偿标准，核心区的标准高于扩大区的补偿标准。

二、确立漓江旅游生态补偿的原则

（一）公平合理原则

自然资源是属于全人类的财富，每个人都拥有公平地利用生态资源来实现生存和发展的权利，但个人享用生态环境资源的权利应该以不损害他人权利为前提，如果损害了这种利益就应该给予一定的补偿，这也是旅游生态补偿实施的基础。“公平”是指在旅游活动进行中，当利益相关者获得的收益大于其付出就要进行补偿，同时相关者的付出大于收益的时候就要得到相应的补偿。我们将这具体到漓江旅游生态补偿实践中，就是旅游开发商和当地政府都从旅游经营活动中获得了收益，这种收益来源于对当地生态资源的掠夺和消耗，他们应该对生态环境的治理付费。而不参与旅游经营的旅游地居民没有从中获得收入，他们的生活工作环境也受到了旅游活动的影响，理应得到补偿。“合理”是指付费和补偿的额度都与破坏和受损的价值相当。通过公平合理的旅游生态补偿制度来调节利益相关者之间的利益矛盾，促进生态环境保护与旅游业的可持续发展。

（二）破坏者付费原则

此项原则是指个人或组织在开发和利用生态环境资源的过程中，对其污染和破坏生态环境的行为应当支付治理环境的费用。“破坏者付费原则”是当今世界各国在环境污染和责任承担方面所坚持的基本原则。此原则主要考虑开发和利用行为的外部经济，破坏行为对生态环境造成了消耗和损害，增加了环境恢复和保护成本，造成生态系统服务功能的退化。因此，破化者应当承担其造成的损失以及恢复治理所需的费用，而不应该将这个费用转给国家、社会或让他人负责。

（三）受益者付费原则

受益者付费原则是旅游生态补偿的核心原则。受益者补偿原则就是从受益者承担视角规定旅游生态补偿关系中，由受益者和利用者来补偿生态损失的原则（郭焕成，2006）。

基于生态环境资源本身的外溢性和公共产品属性的特点，应当由生态环境资源的受益者和利用者承担相应的补偿责任。根据经济外部性理论，凡是享受生态环境或开发利用生态环境的个体或组织，都要为自己的受益给予改善生态环境质量的实施者支付一定的费用，来补偿他们为此付出的成本和代价。

（四）保护者受偿原则

在流域范围内，上游需要采取植树造林、减少挖沙捕捞等积极措施，使下游获得良好的水资源和生态环境。为了保护生态环境，当地的工业生产需要配合，这间接影响了当地经济社会的发展。基于此，享受了生态服务、获取了生态利益的一方应当给予提供了生态保护的一方一定的补偿。我们把旅游生态补偿中，即应当调节旅游收益，给生态环境的建设和保护者相应的补偿。这种补偿行为能够很好地遏制“搭便车”现象，有效激励和引导人们对生态环境保护的自觉行为。

（五）政府主导和市场机制原则

生态环境资源的公共资源属性要求政府发挥主导作用，通过制定生态环境和自然资源产权制度、评估制度、立法制度等来为社会提供交易规则和良好的市场秩序。

我们应该建立包括信息采集、管理和发布系统在内的信息机制，为社会提供准确的市场交易信息，降低交易成本。同时，发挥社会和市场机制的作用，以便于为生态补偿提供补偿资金来源。

三、完善漓江旅游生态补偿的方式

（一）政府补偿

政府补偿也是行政补偿，是当前旅游生态补偿的重要形式。它是一种以国家或上级政府部门为补偿主体，以旅游开发景区、地方政府部门和当地小区居民为补偿对象，以保护和恢复旅游生态环境、促进旅游经济发展为目标的生态补偿方式。政府补偿包括财政支付、地方政策倾斜以及推行旅游开发建设项目、环境税费制度等补偿实施手段。

（二）市场补偿

市场补偿方式实际上就是通过市场交易或支付的形式，来体现生态环境服务功能的基本价值。根据基本补偿原则，在旅游开发生态补偿中引入市场机制，实现旅游环境资源的有偿使用，从而起到节约资源和环境保护的双重作用，补偿效率也将得到提高。旅游风景区的开发通常是地方政府部门和旅游开发企业之间协调互动而展开的，政府主导旅游资源的配置、生态系统功能价值的评估以及旅游开发规划的拟定，并与旅游开发商谈判和确定企业进行旅游开发的条件和资金，而旅游企业通过支付相关费用获得旅游资源的开发权。其中，在该交易支付的资金当中就应包含用于旅游环境生态补偿的费用，作为旅游开发过程中因操作不当而导致环境问题的风险资金，以及用于政府投入环境保护和建设事业的部分资金来源。

四、制定适宜的旅游生态补偿标准

适宜的生态补偿标准是生态补偿机制的核心问题，也一直处于探索中。目前，这方面的研究主要以支付意愿研究和资源价值评估为主。根据本书的研究，旅游者的支付意愿为 2 254 万元，按政府、旅游企业、旅游者以 5：4：1 的比例支付补偿金，即每年分别支付 11 270 万元、9 016 万元和 2 254 万元用于漓江流域的利益生态补偿（贾生华，陈宏辉，2002）。

五、成立专门的旅游生态补偿机构

旅游生态补偿的工作涉及经济行政多个部门和多个领域，工作繁重，建议成立漓江旅游生态补偿小组，统筹旅游生态补偿各方面的事务，在秉承旅游生态补偿原则、方式、标准的前提下，建立旅游生态补偿的工作流程，有组织地开展各项旅游生态补偿工作。环保局、旅游局、土地局、财政局等部门也要参与到旅游生态补偿的工作中去，加强沟通与联合，发挥各部门的专长与特点来把旅游生态补偿的工作做好。

六、加强漓江旅游生态补偿的宣传与教育

其一，通过宣传教育，提高旅游开发区小区群众对生态补偿机制的认识和认知程度，转变其一味守旧的保守观念，为当地旅游发展和经济发展做出相应的让步；其二，加强其维权意识，通过合法手段合理维护自身合法权益，减少因补偿问题产生的局部矛盾冲突；其三，形成社会道德和舆论压力，对不顾整体利益的行为进行道德谴责，从而在潜移默化中约束补偿双方的行为。

参考文献

[1]ADHIKARI, HAIDER, GURUNG, et al. Economic incentices and poaching of the one horned indian rhinoceros in nepal[J]. PREM working paper, 2005(5/12): 44.
[2]ALIX-GAREIA J,DE JANVRY A, SADOULET E. The role of risk in targeting payments for environmental services[EB/OL]. are.Berkeley.edu/-sadoulet/PES simulations-8-05.Pd.f.
[3]ALLEN A O, FEDDEMA J J. Wetland loss and substitution by the permit program in southern california, US[J].Environmental Management, 1996, 20(2): 263-274.
[4]ANTHONY F, KNXTILLA J. Detemination of optimal capacity of resource-based recreation facilities [J]. Natural Resources Joumah, 1972, (12): 417-414.
[5]ARIE REICHD, ODED LOWENGART, ADY MILMAN. Rural tourism in israel: service quality and orientation [J]. Tourism Management, 2000(21):451-459.
[6]ARRAY K, SOLAV R, PORTNEY P, et al. Report of the noaa panel on contingent valuation. report to the general council of the US national oceanic and atmospheric administration [M]. Washington DC: Resources for the Future, 1993.

[7] ARROW K, SOLOW R, PORTNEY R P, et al. Report of the noaa Panel on contingent valuation[J]. Federal Register, 1993, 58: 4 602-4614.

[8] AUGUSTYN MM. Environmental management for rural tourism and recreation [J]. Annals of Tourism Research, 2002, 29 (1): 284-287.

[9] BATEMAN I J, LANGFORD I H, TURNER R K, et al. Elicitation and truncanon effects in contingent valuation studies [J]. Ecological Economics, 1999, 12: 161-179.

[10] CARSON R T, MITCHELL R C, HANEMANN W M, et al. A contingent valuation study of lost passive use values resulting from the exxon valdez oil spill[R]. Munich: A Report to the Attorney General of the State of Alaska, 1992.

[11] CHOMITZ. K M, BRENES. E, CONSTANTINO. L. Financing environmental services: the costa rican experience and its implications[J]. The Science of the Total Environment, 1999: 157-169.

[12] CLARKE J, DENMAN R, HICKMAN G, et al. Rural tourism in roznava okres: a slovak case study [J]. Tourism Management, 2001, 22(2): 193-202.

[13] CLEVO WILSON, CLEM TISDLL. Attitudes to entry fees to national parks: results and policy implications from a queensland case study[J]. Economic Analysis and Policy, 2004, 34(1): 79-102.

[14] COSTANZA R, D ARGE R, DE-GROOT R, et al. The Value of the World's Ecosystem Services and Natural Capital[J]. Nature, 1997, 387(15): 253-260.

[15]CUPERUS R,CANTERS K J, HELIAS A. U, et al. Guidelines for ecological compensation associated with highways[J]. Biological Conservation, 1999, 90: 41-45.

[16]DAILY G. Nature’s service: societal dependence on natural ecosystem[M]. Wshington, D.C: Island Press, 1997.

[17]DAVIS R K. Recreation planning as an economic problem[J]. Natural Resource Journal, 1963, 15(3): 240-249.

[18]DEVESA M, LAGUNA M, Palascio A. The role of motivation in visitor satisfaction: empirical evidence in rural tourism[J]. Tourism Management, 2010, 31(4): 547-552.

[19]DRECHSLER. K. JOHST. D. Econmics of natural resources and the environment[J]. New York:Harvester Wheat sheaf, 1990(12): 39-42.

[20]FENG Yan-fen, WANG Fang, YANG Muzhuang. Research on the Ecological Compensation Standard[J]. Geography and Geo-Information Science, 2009, 25(4): 84-88.

[21]FERRARO P J, KISS A. Ecology-direct payments to conserve biodiversity[J]. Science, 2002, 298(5599): 1718-1719.

[22]FREEMAN R E. Strategic management: a stakeholder approach[M].Boston: Pitman, 1984.

[23]HAYES T M. Payment ior ecosystem services, sustained be havioural change, and adaptive management: peasant perspectives in the colombian andes[J]. Environmental conservation, 2012, 39(2): 144-153.

[24]HERZOG F, DREIER S, HOFER G, et al. effect of ecological compensation areas on floristic and breeding bird diversity in Swiss agricultural landscapes[J]. Agriculture. Ecosystems and environment, 2005(108):189–204.

[25]JENKINS M, SCHERR S, INBAR M. Markets for biodiversity services: Potential roles and challenges[J]. Environment, 2004, 46(6): 32–42.

[26]JORGENSON B S, WILSON M A, HEBERLEIN T A. Fairness in the contingent valuation ofenvironmental public goods: attitude toward paying for environmental improvements at twolevels of scope [J].Ecological Economics, 2001, 36(1): 133–148.

[27]JUAN GABRIEL BRIDA, JUAN S, PEREYRA. tourism taxation and environmental quality in a model with vertical differentiation[J].An International Multidisciplinary Journal of Tourism. 2009, 4(1): 45–62.

[28]KRITROM B. Spike model in contingent valuation [J]. American Journal of Agricultural Economics, 1991, 79(4):1013–1023.

[29]LANDELI–MILLS N, PORRAS I T. Silver bullet or fools gold a global review of markets for forest environmental services and their impact on the poor[R]. Instruments for sustainable private sector forestry series, 2002:111–152.

[30] LOFO RESOURCES FOCUS. Financing environmental services:the costa rican experience and its implications[J]. The Science of the Total Environment, 1999, 240(1–3): 157–169.

[31]LOOMIS J B, KENT P, STRANGE L, et al. Measuring the tot al economic value of restoringecosystem services in an impaired river basin: Results from a contingent valuat ion survey[J].Ecological Economics, 2000(33): 103–117.

[32] LOOMIS J B, WALSH R G. Recreation economic decisions: comparing benefits and costs(2nd)[M]. Pennsylvania: Venture Publishing Inc, 1997.

[33] BATEMAN I J,WILLIS K G. Valuing environ–mental preferences: Theory and practice of the contingent valuation method in the US, EU and developing countries[C]. NewYork: Ox–ford University Press, 1999: 613–627.

[34]MAESTRO R M H, GALLEGO P A M, REQUEJO L S. The moderating role of familiarity in rural tourism in spain[J]. Tourism Management, 2007, 28(4):951–964.

[35]MATTHEW CRANFORD, SUSANA MOURATO. Community conservation and a two–stage approach to payments for ecosystem services[J]. Ecological Economics, 2011, 7(1): 89–98.

[36]MATTHIAS ALBRECHT, BERNHARD SCHMID, MARTIN K. OBRIST, et al. Effects of ecological compensation meadows on arthropod diversity in adjacent intensively managed grassland[J]. Biological Conservation, 2010(143): 642–649.

[37]BISHOP R C, MITCHELL D C, CARSON R T. Using surveys to value public goods: The contingent valuation method[J]. Contingent Valuation Method, 1989, 72(1): 153–163.

[38]MITCHELL R K, AGLE B. Toward a theory of stakeholder identification and salience: defining the principle of whom and what really counts[J]. Academy of Management Review, 1997, 22(4): 853–886.

[39]PAGIOLA S, AREENAS A, PLATAIS G. Can payments for environmental services help reduce poverty? An exploration of the issues and the evidence to date from Latin America[J]. World Development, 2005, 33(2):237–253.

[40]PARK D, YOON Y. Segmentation by motivation in rural tourism: a korean case study[J]. Tourism Management, 2009, 30(1):99–108.

[41]PARK M, STOKOWSKI P A. Social disruption theory and crime in rural communities: comparisons across three levels of tourism growth[J]. Tourism Management, 2009, 30(6):905–915.

[42]PAUIOLA S, BISHOP J, LANDELL–MILLS N. Selling forest environmental services: Market–based mechanisms for conser–vation and development[M]. London: Earthscan, 2002.

[43]PINA IPA, DELFA MTD. Rural tourism demand by type of accommodation[J]. Tourism Management, 2005, 26(6): 951–959.

[44]RANDALL A, IVES B, EASTMAN C. Bidding games for valuation of aesthetic environmental improvements[J]. Journal of Environmental Economics and Management, 1974(1): 132–149.

[45]ROBERT COSTANZA, RALPH, RUDOLF DEGROOT, et al.

The value of the world’ s ecosystem services and natural capital[J]. Nature, 1997, 479(6630): 253–260.

[46]SARA DOLNICAR, PATRICK LONG. Beyond ecotourism: The environmentally responsible tourist in the general travel experience[J]. Tourism Analysis, 2009,14 (4): 503–513.

[47]SATOSHI FUJII, RYUICHI KITAMURA, HIDEO SUDA. Contingent Valuation Method can increase procedural justice[J]. Journal of Economic Psychology, 2004(25): 877–889.

[48]SELLAS R W. Preserving nature in the national parks: a history[M].New Hawen & London: Yale University Press, 1997.

[49]SHARPLEY R. Rural tourism and the challenge of tourism diversification: the case of Cyprus[J]. Tourism Management, 2002, 23(3): 233–244.

[50] STEFANIE ENGEL,STEFANO PAGIOLA,SVEN WUNDER. Designing payments for environmental services in theory and practice: an overview of the issues[J]. Ecological Economics, 2008(65):633–674.

[51]SUN Xinzhang, ZHOU Hailin. Establishing eco-compensation system in China: practice, problems and strategies[J]. China Population Resources and Environment, 2008, 18(5): 139–143.

[52]ULBER L, KLIMEK S, STEINMANN H H, et al. Implementing and evaluating the effectiveness of a payment scheme for environmental services from agricultural land[J]. Environmental Conservation, 2011, 38(4): 464–472.

[53]VANNOTE R L, MINSHALL G W, CUMMINS K W, et al. The river continuem concept[J]. Canadian Journal of Fisheries and Aquatic Sciences, 1980, 37(1): 130-137.

[54]WACKERNAGEL M, ONISTOL, BELLO P, et al. National natural capital accounting with the ecological footprint concept[J]. Economics, 1999, 29(3):375-390.

[55]YING T Y, ZHOU Y G. Community governments and external capitals in China's rural tourism: a comparative study of two adjacent villages[J]. Tourism Management, 2007, 28(1): 96-107.

[56]BAI Ying-lan, WANG Ru-song, JIN Jia-shen. Water eco-service assessment and compensation in a coal mining region-a cace study in the mentougou district in beijing[J]. Ecological Complexity, 2011, 291: 1-9.

[57]Zhang F, Cui Y S, Kong W. The value compensation research of land resources development [J]. Agricultural Economy, 2009, 1: 32-35.

[58]布赖.行为心理学入门[M].陈维正，译.成都：四川人民出版社，1987.

[59]蔡德所，赵湘桂，朱瑜，等.漓江鱼类资源调查及物种多样性分析[J].广西师范大学学报（自然科学版），2009(2): 130-136.

[60]蔡海生，肖复明，张学玲.基于生态足迹变化的潘阳湖自然保护区生态补偿定量分析[J].长江流域资源与环境，2010, 1(6): 623-627.

[61]陈红光，王秋丹，李晨洋.支付意愿引导技术：支付卡式、单边界二分式和双边界二分式的比较——以三江平原生态旅游水资源的非使用价值为例[J].应用生态学报，2014(9): 2709-2715.

[62]陈美英，杨金光．基于灰色 GM (1.1) 模型的预测研究—邯郸市城镇化水平预测 [J]. 数学的实践与认识，2009，39(8):35-43.
[63]陈小玮．南水北调生态补偿机制亟待建立 [J]. 新西部，2019(31)：43-47.
[64]陈玉．加快乡村旅游发展促进新农村建设 [J]. 中国商贸，2011(33)：165-166.
[65]崔峰，丁风芹，何杨，等．城市公园游憩资源非使用价值评估——以南京市玄武湖公园为例 [J]. 资源科学，2012(10)：1988-1996.
[66]崔金星，余红成．轮我国生态补偿法的现实性 [J]. 云南环境科学，2004，23(4)：18-21.
[67]崔相宝，苗建军．条件价值评估：一种非市场的价值评估技术 [J]. 武汉理工大学学报（社会科学版），2005(6)：802-807.
[68]戴其文．广西猫儿山自然保护区生态补偿标准与补偿方式 [J]. 生态学报，2014，34（14）：5114-5123.
[69]戴其文，彭瑜，刘澈元，等．猫儿山自然保护区生态受益者支付意愿及影响因素 [J]. 长江流域资源与环境，2014(7)：953-959.
[70]戴其文，徐伟，肖刚．基于游客视角的城市旅游生态补偿分析 [J]. 城市问题，2015(5)：41-48.
[71]邓聚龙．灰色系统基本方法 [M]. 武汉：华中科技大学出版社，2004.
[72]董雪旺，张捷，刘传华，等．条件价值法中的偏差分析及信度和效度检验——以九寨沟游憩价值评估为例 [J]. 地理学报，2011(2)：267-278.
[73]杜江，向萍．关于乡村旅游可持续发展的思考 [J]. 旅游学刊，1999(1)：15-18.

[74]高军波.我国乡村旅游发展中农户利益分配问题与对策研究[J].桂林旅游高等专科学校学报，2006(5)：577-580.

[75]高元衡.阳朔乡村旅游发展中各方利益分配问题研究[J].桂林旅游高等专科学校学报，2004(6)：58-62.

[76]葛学峰.乡村旅游偏好差异测量研究：基于离散选择模型[J].旅游学刊，2010(1)：48-52.

[77]古红梅.乡村旅游发展与构建农村居民利益分享机制研究——以北京市海淀区西北部地区旅游业发展为例[J].旅游学刊，2012(1)：26-30.

[78]广西壮族自治区水利厅.漓江生态需水量研究[J].中国水利，2006(13):24.

[79]桂林市环境保护局.漓江流域环境的现状、问题及对策[EB/OL].http://www.glepb.gov.cn/show.asp?articleid=322,2005-11-29.

[80]桂林市政府发展研究中心课题组.科学保护漓江对策研究[J].广西经济，2009(12)：46-48.

[81]郭焕成.发展乡村旅游业，支持新农村建设[J].旅游学刊，2006，21(3)：6-7.

[82]郭剑英，王乃昂.敦煌旅游资源非使用价值评估[J].资源科学，2005，27(5)：187-192.

[83]国家环保局自然保护司.中国生态问题报告[M].北京：中国环境科学出版社，1997.

[84]韩耀全，周解，吴祥庆.漓江的自然地理与水质调查[J].广西水产科技，2007(2)：8-16.

[85]何景明，李立华.关于“乡村旅游概念的探讨”[J].西南师范大学学报（人文社会科学版）2002，28(5):125-128.

[86]何学欢．乡村旅游消费行为的文化程度分异研究——以长沙市周边乡村旅游为例 [J]. 桂林旅游高等专科学校学报，2007(4)：542–545.

[87]胡和兵，贾莉，胡刚．基于 CVM 的池州城市饮用水源地生态系统服务价值评估 [J]. 安徽农业科学，2009(16)：7571–7573.

[88]胡仪元．生态补偿标准研究综述 [J]. 陕西理工大学学报（社会科学版），2019，37(5)：25–30.

[89]黄华干，王金叶，吴郭泉．基于居民感知的漓江流域生态旅游影响研究 [J]. 西北林学院学报，2014(3)：246–252.

[90]黄坤安．桂林漓江水资源演变分析 [J]. 中国水利，2008(7)：25–27.

[91]黄昆．利益相关者理论在旅游地可持续发展中的应用研究 [D]. 武汉：武汉大学，2004.

[92]黄伟军，刘秀珍，蔡德所．漓江水生态系统问题研究 [J]. 生态经济，2007(3)：131–134，159.

[93]黄锡生．长江流域生态补偿机制应当反映特殊性 [J]. 北京航空航天大学学报（社会科学版），2019，32(6)：8.

[94]黄鹰西，杨亚娜，杨桂华．中外旅游生态补偿实践对比研究 [J]. 生态旅游，2014，30(1)：280–283.

[95]黄宗万，陈余道，蒋亚萍，等．漓江流域水资源形势分析 [J]. 广西科学院学报，2005(1)：56–60.

[96]冀东怡．旅游地生态安全评价 [D]. 南宁：广西大学，2005.

[97]贾生华，陈宏辉．利益相关者的界定方法述评 [J]. 外国经济与管理，2002，24(5)：13–18.

[98]贾艳红，赵军．熵权法在草原生态安全评价研究中的应用——以甘肃牧区为例 [J]. 干旱区资源与环境，2007，21(1)：17–20.

[99]蒋依依，宋子千，张敏．旅游地生态补偿研究进展与展望 [J]. 资源科学，2013，35(11)：2194-2201.

[100] 景跃军，张宇鹏．生态足迹模型回顾与研究进展 [J]. 人口学刊，2008(5)：9-12.

[101] 赖力，黄贤金．东太湖网围养殖的生态环境成本测算 [J]. 资源科学，2008(10)：1579-1584.

[102] 黎洁，刘俊，李明明．乡村旅游开发模式研究 [J]. 商场现代化，2007(6)：221.

[103] 李德明，程久苗．乡村旅游与农村经济互动持续发展模式与对策探析 [J]. 人文地理，2005(3)：84-87.

[104] 李洪波，李燕燕．武夷山自然保护区生态旅游系统能值分析 [J]. 生态学报，2009(11)：5869-5876.

[105] 李欢欢．基于利益相关者理论的海岛旅游可持续发展研究 [D]. 大连：辽宁师范大学，2010.

[106] 李克国．生态环境补偿政策的理论与实践 [J]. 环境科学动态，2000，25(2)：2-8.

[107] 李丽娟．构建我国森林旅游生态补偿机制初探 [J]. 西北林学院学报，2012(2)：238-241.

[108] 李宁．基于 3S 技术的漓江流域生态整治与规划 [J]. 绿色科技，2015(2)：197-199.

[109] 李宁．漓江流域生态补偿机制研究 [D]. 桂林：桂林理工大学，2014.

[110] 李甜江，聂向东，郑和平，等．生态补偿关键问题的探讨 [J]. 陕西林业科技，2006，34(1)：61-65.

[111] 李婷．欧盟生态标签制度评析及启示 [J]. 海南大学学报，2008，26(5)：507-511.

[112] 李亚娟，胡静，张渭. 浅析生态补偿机制在旅游业中的应用 [J]. 中国人口. 资源与环境，2010, 20(S2): 222-225.

[113] 李云驹，许建初，潘剑君. 松华坝流域生态补偿标准和效率研究 [J]. 资源科学，2011(12): 2370-2375.

[114] 廉同辉，王金叶. 基于灰色关联的自然保护区居民旅游感知研究论文集 [C]. 北京：中国旅游科学年会，2012: 113-121.

[115] 林娇. 基于条件价值评估法的淮河流域生态补偿标准研究 [D]. 山东：中国海洋大学，2014.

[116] 刘德谦. 关于乡村旅游、农业旅游与民俗旅游的几点辨析 [J]. 旅游学刊，2006(3): 12-19.

[117] 刘冬梅. 可持续经济发展理论框架下的生态足迹研究 [M]. 北京：中国环境科学出版社，2007.

[118] 刘红光，陈敏，唐志鹏. 基于灰水足迹的长江经济带水资源生态补偿标准研究 [J]. 长江流域资源与环境，2019, 28(11): 2553-2563.

[119] 刘敏，刘春凤，胡中州. 旅游生态补偿：内涵探讨与科学问题 [J]. 旅游学刊，2013(2): 52-59.

[120] 刘强，彭晓春，周丽旋，等. 城市饮用水水源地生态补偿标准测算与资金分配研究——以广东省东江流域为例 [J]. 生态经济，2012(1): 33-37.

[121] 刘思峰，党耀国，方志耕，等. 灰色系统理论及其应用 [M]. 北京：科学出版社，2004.

[122] 刘雯. 基于生态足迹理论的长株潭城市群核心区生态安全研究 [D]. 长沙：湖南大学，2013.

[123] 刘雪春，李诗颖. 漓江流域旅游开发与生态补偿机制研究 [J]. 科技信息，2013(16): 25.

[124] 刘亚萍，廖蓓，金建湘 . 广西巴马盘阳河沿岸长寿资源的游憩价值评价 [J]. 资源科学，2012，34(5)：964-972.

[125] 刘燕 . 浅谈生态旅游中利益者相关者的界定——以米切尔方法为例 [J]. 商业文化（学术版），2008(1)：338，265.

[126] 罗盛峰，黄燕玲，王利朋 . 循环经济型乡村旅游发展模式探讨——以桂林恭城红岩村旅游点为例 [J]. 旅游论坛，2009，2(6)：886-889.

[127] 吕华鲜 . 广西猫儿山国家级自然保护区养生旅游开发研究 [J]. 林业经济问题，2010，3(30)：256-260.

[128] 马爱慧 . 耕地生态补偿及空间效益转移研究 [D]. 武汉：华中农业大学，2011.

[129] 马勇，胡孝平 . 神农架旅游生态补偿实施系统构建 [J]. 人文地理，2010，25(6)：120-124.

[130] 毛占峰，王亚平 . 跨流域调水水源地生态补偿定量标准研究 [J]. 湖南工程学院学报（社会科学版），2008(2)：55-59.

[131] 缪钟灵 . 漓江发育演化及与相邻流域关系 [J]. 中国岩溶，1998(4)：77-83.

[132] 倪才英，汪为青，曾衍，等 . 潘阳湖退田还湖生态补偿研究（Ⅱ）——潘阳湖双退区湿地生态补偿标准评估 [J]. 江西师范大学学报（自然科学版），2010(5)：541-546.

[133] 宁超乔，邹波 . 流域生态补偿方法与资金分配方案构建——以广州流溪河为例 [J]. 地方财政研究，2019(11)：67-75.

[134] 欧阳志云，王如松，赵景柱 . 生态系统服务功能及其生态经济价值评价 [J]. 应用生态学报，1999(5)：635-640.

[135] 彭辉安 . 漓江保护区环境保护与经济发展的矛盾及其消解 [J]. 福建农林大学学报（哲学社会科学版），2013(5)：43-48.

[136] 钱益春，杨永昶.赛罕乌拉自然保护区游憩价值评价研究 [J]. 中南林业科技大学学报(社会科学版), 2015(2): 32–34.

[137] 萨缪尔森.经济学：第 16 版 [M]. 北京：华夏出版社，1999: 282.

[138] 束晨阳.河流风景保护——以桂林漓江为例 [J]. 中国园林，2007(12): 15–18.

[139] 宋红丽，薛惠峰，董会忠.流域生态补偿支付方式研究 [J]. 环境科学与技术，2008(2): 144–147.

[140] 粟路军.乡村旅游消费行为的职业分异研究——以长沙市周边乡村旅游为例 [J]. 旅游论坛，2008(5): 270–274.

[141] 孙冬玲，张黎，舒伯阳.乡村旅游与中国新农村建设的互动关系研究 [J]. 桂林旅游高等专科学校学报，2007(4): 537–541.

[142] 唐建，沈田华，彭珏.基于双边界二分式 CVM 法的耕地生态价值评价——以重庆市为例 [J]. 资源科学，2013(1): 207–215.

[143] 陶在朴.生态包袱与生态足迹——可持续发展的重量及面积观念 [M]. 北京：经济科学出版社，2003: 161–206.

[144] 田华丽，覃盈盈，田丰，等.桂林漓江湿地生态现状及保护对策 [J]. 环境科学导刊，2014(4): 49–52.

[145] 王金南，万军，张惠远.关于我国生态补偿机制与政策的几点认识 [J]. 环境保护，2006(19): 24–28.

[146] 王金叶，黄昭信.漓江上游森林生态系统恢复研究进展与启示 [J]. 西北林学院学报，2008(5): 173–177, 187.

[147] 王金叶，阳漓琳.自然保护区生态旅游环境影响评价——以猫儿山国家级自然保护区为例 [J]. 中南林业科技大学学报（社会科学版）.2010,1（4）: 105–108.

[148] 王金叶，郑文俊．猫儿山自然保护区老山界景区旅游环境容量分析[J]. 浙江林业科技，2008，28(4)：47-51.

[149] 王开泉．生态文明与桂林国际旅游胜地建设[J]. 中共桂林市委党校学报，2013(4)：6-9.

[150] 王晓刚，陈浩，屈志光．我国环保产业发展问题研究：环境资本运营的视角[J]. 生态经济，2013(2)：104-109.

[151] 王莹．外部性与政府适度干预：漓江上游水源林治理中的政策框架设计[J]. 赤峰学院学报（汉文哲学社会科学版），2013(9)：86-88.

[152] 王月，李晖，李明顺，等．漓江源区居民生态保护调查与生态补偿机制研究[J]. 安徽农业科学，2010(30)：17043-17045，17048.

[153] 王云才．中国乡村旅游发展的新形态和新模式[J]. 旅游学刊，2006(4)：8.

[154] 王志文，邱玮玮．河流型景区经营管理改革研究——以漓江景区为例[J]. 淮海工学院学报（人文社会科学版），2013(21)：64-66.

[155] 韦毅刚．桂林漓江沿岸植物区系特点及其与景观的关系[J]. 广西植物，2004(6)：508-514.

[156] 吴洁，程道品．兴安猫儿山自然保护区生态旅游开发研究[J]. 安徽农业科技，2007，35(31)：10001-10002，10013.

[157] 吴文彬．生态足迹研究文献综述[J]. 合作经济与科技，2014，(1)：11-15.

[158] 吴耀宇．浅论盐城海滨湿地自然保护区旅游生态补偿机制的构建[J]. 特区经济，2011(2)：167-168.

[159] 吴耀宇．浅论盐城海滨湿地自然保护区旅游生态补偿机制的构建[J] 旅游经济，2011(2)：167-168.

[160] 夏日 . 国内乡村旅游研究进展 [J]. 广西经济管理干部学院学报，2014(2)：73–79.

[161] 夏源 . 乡村旅游区景观规划设计研究——以成都市郫县农科村为例 [D]. 成都：西南交通大学，2011.

[162] 向悟生，李先琨，丁涛，等 . 土地利用变化对漓江流域生态服务价值影响 [J]. 水土保持研究，2009(6)：46–50，55.

[163] 肖飞鹏，李晖，尹辉，等 . 基于生态系统服务的青狮潭水库生态补偿研究 [J]. 广西师范大学学报（自然科学版），2014(2)：162–167.

[164] 肖佑兴，明庆忠，李松志 . 论乡村旅游的概念和类型 [J]. 旅游科学，2001，16(3)：8–10.

[165] 谢高地，鲁春霞，冷允法，等 . 青藏高原生态资产的价值评估 [J].2003(2)：189–196.

[166] 徐罗卿，李立嘉 . 桂林市生态政治建设的途径探索 [J]. 桂林师范高等专科学校学报，2014(2)：35–39.

[167] 徐琦 . 生态补偿尚需平衡多重利益 [N]. 中国环境报，2008–03–24(4).

[168] 徐永田 . 生态补偿理论研究进展综述及发展趋势 [J]. 中国水利，2011(4)：29–31.

[169] 徐中民，张志强，龙爱华，等 . 额济纳旗生态系统服务恢复价值评估方法的比较与应用 [J]. 生态学报，2003，23(9)：1841–1850.

[170] 薛华 . 桂林国家旅游综合改革试验区旅游生态保护法律机制研究 [D]. 桂林：广西师范大学，2012.

[171] 燕守广 . 关于生态补偿概念的思考 [J]. 环境与可持续发展，2009(3)：33–36.

[172] 杨桂华，李鹏．旅游生态足迹：测算旅游可持续发展的新方法 [J]. 生态学报，2005，25(6)：1475-1480.

[173] 杨桂华，张一群．自然遗产地旅游开发造血式生态补偿研究 [J]. 旅游学刊，2012(5)：8-9.

[174] 杨凯，赵军．城市河流生态系统服务的CVM估值及其偏差分析 [J]. 生态学报，2005(6)：1391-1396.

[175] 杨凯．黄河三角洲高效生态经济区滨海湿地生态补偿机制研究 [D]. 济南：山东师范大学，2013.

[176] 杨涛．生态补偿标准的确定与评估框架探析 [J]. 陕西理工大学学报（社会科学版），2019，37(5)：31-35.

[177] 杨晓霞．我国旅游资源产权问题探析 [J]. 经济地理，2004,(3)：419-422.

[178] 杨旭．开发乡村旅游势在必行 [J]. 旅游学刊，1992(2)：38-41.

[179] 杨永德，魏美才．漓江流域水资源危机探讨 [J]. 林业科学研究，2004(6)：782-786.

[180] 喻庆国．云南元阳哈尼梯田湿地生态旅游生态补偿机制探讨 [J]. 安徽农业科学，2007，35(25)：7902-7908.

[181] 苑文华，胡兵，严垂香．云南玉龙雪山景区开发中生态补偿机制探究 [J]. 旅游纵览（下半月），2014(5)：145-147.

[182] 张冰．长白山自然保护区旅游生态补偿支付意愿及受偿意愿的研究 [D]. 哈尔滨：东北林业大学，2013.

[183] 张建肖，安树伟．国内外生态补偿研究综述 [J]. 西安石油大学学报，2009，18(1)：23-28.

[184] 张建雄 . 关于乡村旅游若干问题的思考 [J]. 大理学院学报，2003(4)：11-16.

[185] 张静 . 基于生态足迹理论的兴安县县域经济可持续发展研究 [D]. 桂林：桂林理工大学，2013.

[186] 张理英，薛跃规 . 生态旅游开发中生态补偿机制初探——阳朔龙颈河案例研究 [J]. 桂林旅游高等专科学校学报，2007(2)：231-234.

[187] 张路 . 论桂林漓江上游的生态农业旅游开发 [J]. 北京农业职业学院学报，2014(4)：24-28.

[188] 张眉，王厚俊，余长勇 . CVM 下公益林生态效益补偿影响因素分析——基于广州市居民支付意愿的调查分析 [J]. 生态经济评论，2011(1):171-184.

[189] 张树民 . 中国乡村旅游发展模式与政策保障研究 [M]. 北京：中国旅游出版社，2014.

[190] 张卫萍 . 退耕还林补偿政策与农户回应的关联分析——以冀北地区为例 [J]. 中国人口资源与环境 ,2006(6):66-68.

[191] 张衍广，李茂玲 . 基于 EMD 的中国生态足迹与生态承载力的动力学预测 [J]. 干旱区资源与环境，2009，23(1):13-17.

[192] 张一群，杨桂华 . 对旅游生态补偿内涵的思考 [J]. 生态学杂志，2012，31(2)：477-482.

[193] 张一群 . 云南保护地旅游生态补偿研究 [D]. 昆明：云南大学，2015.

[194] 张翼飞 . 城市内河生态系统服务的意愿价值评估——CVM 有效性可靠性研究的视角 [D]. 上海：复旦大学，2008.

[195] 张志强，徐中民，程国栋 . 黑河流域张掖地区生态系统服务恢复的条件价值评估 [J]. 生态学报，2002，26(2):863-885.
[196] 张志强，徐中民，程国栋 . 条件价值评估法的发展与应用 [J]. 地球科学进展，2003，18(3): 454-463.
[197] 张志强，徐中民，龙爱华，巩增泰 . 黑河流域张掖市生态系统服务恢复价值评估研究——连续型和离散型条件价值评估方法的比较应用 [J]. 自然资源学报，2004(2):230-239.
[198] 章锦河，张捷，梁玥琳，等 . 九寨沟旅游生态足迹与生态补偿分析 [J]. 自然资源学报，2005，20(5):735-744.
[199] 赵国梁 . 基于 CLUE-S 模型的广西喀斯特山区生态系统服务价值研究 [D]. 北京：中国地质大学，2014.
[200] 赵菊勤 . 条件价值评估法的有效性和可靠性研究 [D]. 兰州：西北师范大学，2009.
[201] 郑海霞 . 金华江流域生态服务补偿支付意愿及其影响因素分析 [J]. 资源与科学，2010，32(4): 761-767.
[202] 郑华，李屹峰，欧阳志云，等 . 生态系统服务功能管理研究进展 [J]. 生态学报，2013(3): 702-710.
[203] 郑军南 . 生态足迹理论在区域可持续发展评价中的应用 [D]. 杭州：浙江大学，2006.
[204] 郑敏，张伟 . 山地旅游资源生态补偿机制构建 [J]. 安徽农业科学，2008，36(11): 4629-4630，4659.
[205] 郑群明，钟林生 . 参与式乡村旅游开发模式探讨 [J]. 旅游学刊，2004，19(4): 33-37.

[206] 郑文俊 . 西南少数民族地区乡村旅游发展模式探析——以广西壮族自治区柳州市为例 [J]. 农村经济与科技，2013(3)：110-112.

[207] 中国 21 世纪议程管理中心 . 生态补偿原理与应用 [M]. 北京市：社会科学文献出版社，2009.

[208] 中国生态补偿机制与政策研究课题组 . 中国生态补偿机制与政策研究 [M]. 北京：科学出版社，2007.

[209] 钟林生，郑群明，刘敏 . 世界生态旅游地 [M]. 北京：中国林业出版社，2006.

[210] 钟林生，郑群明，刘敏 . 世界生态旅游地理 [M]. 北京：中国林业出版社，2006.

[211] 周静，卢东，杨宇 . 乡村旅游发展的起源及研究综述 [J]. 资源开发与市场，2007，23(8)：764-755，733.

[212] 朱华 . 乡村旅游利益主体研究——以成都市三圣乡红砂村观光旅游为例 [J]. 旅游学刊，2006(5)：22-27.

[213] 朱晓媚，粟维斌 . 漓江流域风景区生物多样性现状与保护对策研究 [J]. 生态经济，2008(4)：153-157.